FLORIAN VEIT

Auftragsbücher voller Wunschkunden

Eine Schritt-für-Schritt-Anleitung, wie Du als Handwerker online und ohne Mundpropaganda, die Kunden gewinnst, die du auch haben möchtest.

1. Auflage

Bibliografische Information der deutschen Nationalbibliothek:

Die Deutsche Nationalbibliothek verzeichnet diese Publikation in der Deutschen

Nationalbibliografie; detaillierte bibliografische Daten sind im Internet über dnb.dnb.de abrufbar.

Verlag:

BoD · Books on Demand GmbH, Überseering 33, 22297 Hamburg, bod@bod.de

Druck: Libri Plureos GmbH, Friedensallee 273, 22763 Hamburg

ISBN: 978-3-8482-2732-7

Inhaltsverzeichnis

Danksagung

Wir leben in Zeiten, in denen wir uns daran gewöhnt haben, immer mehr zu arbeiten und immer produktiver zu sein.

Ich hätte mich dazu entscheiden können, mich abends und am Wochenende einfach auf die faule Haut zu legen und mein Leben zu genießen. Stattdessen habe ich mich entschieden, dieses Buch zu schreiben, weil ich es für dringend notwendig halte, dass dieses Wissen für jeden selbstständigen Handwerker ebenso selbstverständlich wird wie ein Zollstock.

Diese harte Arbeit konnte ich jedoch nicht einfach so bewerkstelligen. Es waren Familie und Freunde, die mich in dieser Zeit unterstützt haben. Menschen, die ich fragen konnte und die es möglich gemacht haben, dass ich dafür die nötige Zeit hatte. Es waren die Menschen, die mich immer wieder zum Weitermachen ermutigt haben, in Momenten, in denen ich das Projekt abbrechen wollte.

Und dieses Wissen, das ich habe, kam natürlich nicht vom Himmel gefallen.

Es war mein Opa, der mich vom Kindergarten abgeholt hat und mit mir den ganzen Nachmittag gewerkelt hat - mir die Liebe zum Handwerk geschenkt hat.
Es waren meine ersten Kunden, die mir eine Chance gegeben

haben und die Möglichkeit, das zu tun, was ich heute tue.

Es waren die inspirierenden Worte erfolgreicher Handwerker.

Es waren die Handwerksbetriebe, bei denen ich arbeiten durfte - auch in Zeiten, in denen eigentlich niemand Mitarbeiter einstellte.

Es waren meine Professoren, die mir ein tiefes Verständnis für die Betriebswirtschaft vermittelt haben.

Ich danke euch allen von Herzen dafür.

Aber am allermeisten, auch wenn er es heute noch nicht lesen kann, möchte ich mich bei meinem Sohn bedanken!

Denn er ist der Grund, weshalb ich all dies tue. Er ist der Grund, warum ich immer wieder aufstehe, egal wie oft ich hinfalle. Er ist der einzige Mensch, der es zu jedem Zeitpunkt schafft, mir mit nur einem Blickkontakt alle meine Sorgen zu nehmen und mir neue Kraft zu schenken.

Er ist der Grund, warum ich Attacke Handwerk als Unternehmen in der Art führen kann, wie ich es tue. Ohne meinen Sohn würde es Attacke Handwerk in dieser Form nicht geben, ebenso wenig wie dieses Buch.

Ich hoffe, du wirst dieses Buch eines Tages lesen und stolz auf deinen Papa sein.

attacke handwerk.

KAPITEL 1

VORWORT

Vorwort

Wie du bereits durch das Cover erfahren hast, geht es in diesem Buch darum die Auftragsbücher von Handwerksbetrieben mit Wunschkunden zu füllen. Im Klartext bedeutet das, dass wir uns mit dem Thema Marketing beschäftigen. Das klingt erst mal nach bedruckten Feuerzeugen und Bannern oder? Um Gottes Willen, nein!

Wenn man ein Unternehmen gründet, gibt es die unterschiedlichsten Gründe dafür. Die einen wollen sich frei entfalten, die anderen gründen aus der Not heraus, weil sie arbeitslos geworden sind. Wieder andere haben vielleicht den Betrieb ihrer Eltern übernommen, und einige sind einfach geborene Rudelführer. Was all diese Menschen, die irgendwann in ihrem Leben den Mut aufgebracht haben, sich selbstständig zu machen, gemeinsam haben, ist ihr Streben nach Erfolg.

Die simpelste Kennzahl, um Erfolg zu messen, ist der Gewinn, der am Ende des Monats erwirtschaftet wird. Der Gewinn setzt sich aus zwei Komponenten zusammen: zum einen dem Umsatz, der in diesem Zeitraum erwirtschaftet wurde, und zum anderen den Kosten, die diesem Umsatz gegenüberstehen. Die Differenz ist der Gewinn.

Der Gewinn kann nur auf zwei Wegen erhöht werden: Entweder man steigert seinen Umsatz mit Marketing, oder man senkt seine

Kosten, indem man seine Ausgaben jederzeit analysiert und optimiert. Genau das mache ich bei Attacke Handwerk. Mein Name ist Florian Veit und ich mache Marketing für Handwerker.

Der Haken daran ist nur, dass du Kosten immer nur bis zu einem gewissen Grad senken kannst. Du kannst deine Kosten nicht einfach halbieren oder vierteln. Was du allerdings kannst, ist, deinen Umsatz zu verdoppeln oder zu vervierfachen. Wenn der Gewinn gesteigert werden soll, muss man also in erster Linie darauf achten, dass man die „Umsatzmaschine" richtig zum Laufen bringt. Aus diesem Grund habe ich dieses Buch geschrieben.

Als BWLer kann ich dir zwar auch deinen Laden hoch und runter rechnen und sicherlicht ein paar Prozent Kostenoptimierungspotenzial identifizieren. Aber Menschen studieren sowas nicht ohne Grund für ein paar Jahre. Ich kann dir nicht auf ein paar Buchseiten Kostencontrolling erklären. Im Bereich Marketing sieht das ganze ein wenig anders aus.

Ich werde dir Schritt für Schritt erklären, wie du als kleiner Handwerksbetrieb von der Baustelle gezieltes Marketing machst, sodass dein Betrieb überhaupt keine andere Möglichkeit hat, als konstant Gewinne zu erzielen und dir ruhige Nächte zu bescheren.

Es ist eigentlich eine völlig absurde Geschichte, wie sich die Dinge in meinem Leben gefügt haben, sodass ich mich dazu entschlossen habe, Attacke Handwerk zu gründen und dieses Buch zu schreiben.

Wie du bereits im Vorwort gelesen hast, bin ich als Kind der Neunziger ohne Handy aufgewachsen. Der größte Spaß, den ich haben konnte, war, mit meinem Opa gemeinsam irgendetwas zu bauen. Diese handwerkliche Veranlagung kam wahrscheinlich nicht von ungefähr, denn ich bin weder in einer wohlhabenden Familie aufgewachsen, noch sind meine Eltern Akademiker.

Ich komme aus einer stinknormalen Familie vom Dorf und bin der Sohn eines selbstständigen Handwerkers.

Während andere Kinder eine Vaterfigur hatten, zu der sie aufblickten, die mit Anzug und Schlips das Haus verließ, bin ich meinem Vater in Arbeitsklamotten hinterhergedackelt und wollte immer bei allem helfen.

Es war also unter diesem Aspekt nicht weit hergeholt, dass ich nach meinem Abitur Bauingenieurwesen studierte. Eine Lehre durfte ich weder nach der 10. noch nach der 13. Klasse machen, denn „es sollte ja mal was aus mir werden".

Das einzige Problem war, dass man in diesem Studium früh ein Praktikum absolvieren musste. Also habe ich im Rahmen meines Studiums ganz offiziell Zeit auf der Baustelle verbringen dürfen. Was soll ich sagen? Von dort an war ich zwar offiziell Student und habe auch Prüfungen abgelegt, aber den Großteil

Ich bin ein
Handwerkerkind

Ich wollte alles sehen. Ich war bei einem Heizungsbauer, bei einer Firma, die schlüsselfertige Häuser in Holzbauweise baute, bei verschiedenen Innenausbauern, bei einem Fliesenleger und habe auch ab und zu auf dem Dach gestanden. Es war der Himmel auf Erden!

Das Interessante in dieser Zeit war, dass es einige Betriebe gab, die dauerhaft um die Nulllinie kreisten und praktisch ständig auf der Flucht vor Rechnungen oder dem Finanzamt waren. Die Arbeitsabläufe waren chaotisch, die Kunden oft unzufrieden, und die Chefs waren überarbeitet, unzufriedene Menschen, denen alles über den Kopf gewachsen war.

Sie schauten mich teilweise mit müden Augen an, wenn mal wieder etwas schiefgelaufen war, und ohne, dass sie es ausdrücken mussten, wusste ich, wie sie sich fühlten:

Sie wünschten sich nichts sehnlicher, als dass diese Probleme verschwinden, aber sie hatten keine Lösung dafür gefunden.

Auf der anderen Seite gab es Betriebe, die wie am Schnürchen liefen und im Grunde genommen „Gelddruckmaschinen" waren. Dort waren die Chefs entspannt. Es lief alles reibungslos. Die Kunden waren zufrieden, die Mitarbeiter waren zufrieden, und das Paradoxe an der ganzen Geschichte war, dass in diesen Firmen nicht schweißgebadet und gestresst gearbeitet wurde, sondern dass tendenziell weniger gearbeitet wurde, dafür aber ein Vielfaches mehr verdient wurde.

Klar gab es auch hier und da ein kleines Süppchen, das am Kochen war, aber das war Pillepalle im Vergleich zu den Betrieben im Überlebensmodus. Dort stand gefühlt jeden Tag die Küche in Flammen.

Die Jahre vergingen, und mein Leben dümpelte so vor sich her. Ich hatte den Spaß meines Lebens und war einfach zufrieden mit dem, was ich tat, mir war jedoch auch bewusst, dass das auf Dauer nicht so weitergehen konnte.

Mit Mitte 20 musste ich eine Entscheidung treffen!

In welche Richtung soll der große Kompass meines Lebens zeigen?
Es gibt zwar Mittel und Wege, um im Handwerk selbstständig zu sein, aber ich hätte dazu mindestens eine Ausbildung oder sogar einen Meistertitel benötigt. Beides hatte ich nicht.

Ich liebe es, auf der Baustelle zu sein. Ich liebe es, mich handwerklich zu betätigen, aber beruflich konnte ich es ohne Ausbildung nicht realisieren. Was mir sogar noch mehr Spaß gemacht hat, als mich beispielsweise so richtig auszupowern, eine Wohnung zu verputzen, war es, das Geschäftsmodell dahinter zu verstehen. Das war die eigentliche Leidenschaft, die in mir kochte.

Also habe ich irgendwann die Reißleine gezogen, mein Studium abgebrochen und mich auf den Weg gemacht, Wirtschaftswissenschaften zu studieren – denn ich wollte unbedingt erfahren, was der Unterschied zwischen den beiden beschriebenen Handwerksbetrieben ist.

Ich wollte wissen, wie man diesen Erfolg hinbekommt. Wahrscheinlich lag das auch ein bisschen daran, dass ich einfach das unternehmerische Gen von meinem Vater in die Wiege gelegt bekommen habe.

Ich hausiere damit nicht gerne in meiner öffentlichen Wahrnehmung, aber mein Vater gehörte nicht zu den Betrieben, die Geld druckten. Solange ich denken kann, war er nie zu Hause und ständig auf der Flucht vor Rechnungen.

Rückblickend denke ich, dass meine Motivation, verstehen zu wollen, wie man als Handwerker ohne Stress und ohne 80-Stunden-Woche erfolgreich sein kann, einfach ein Schutzmechanismus ist, weil ich persönlich, insbesondere als Kind, extrem unter den Schwierigkeiten gelitten habe.

Aber egal. Du bist nicht mein Psychologe. Du hast das Buch gekauft, um zu wissen, wie man im Handwerk ordentlich Gewinne erzielt und nicht, um mein Kummerkasten zu sein. Weiter geht's.

Nachdem ich das Studium beendet habe, war ich ausgestattet mit viel Wissen und bereit, die Welt zu erobern. Parallel dazu hatte sich ein Freund von mir selbstständig gemacht, und ich, als nun „zertifizierter Profi", wollte direkt mein Wissen in die Tat umsetzen.

Das Problem war jedoch, dass ich damit voll auf die Nase gefallen bin, denn man braucht nicht zu denken, dass man beispielsweise mit Bilanzbuchhaltung, die für Konzerne wie Würth oder so gedacht ist, plötzlich bei einem kleinen Handwerksbetrieb anfangen kann – das klappt nicht!

Es war also an der Zeit, die ganze Sache mal grundsätzlich zu überdenken, und Stück für Stück kam ich der Lösung des Problems näher.

Am Ende der Suche waren es genau diese beiden Dinge, die in meinen Augen den Unterschied ausmachten, ob ein Handwerker erfolgreich ist oder nicht.

Der erste Unterschied liegt darin, dass der erfolgreiche Handwerker sich Gedanken über seine Marketingstrategie macht.

Das bedeutet, er macht sich Gedanken darüber, was er genau anbietet und wie er es vermarktet; wie er sich von seiner Konkurrenz unterscheidet, wie er seinen Preis korrekt setzt und wie es am Ende dazu führt, dass er durch diese Strategien ausschließlich Kunden anzieht und in seine Auftragsbücher übernimmt, die er auch wirklich zu zufriedenen Kunden machen kann.
Der zweite Unterschied ist, dass diese erfolgreichen Handwerker rechnen können.

Klingt bescheuert, ist aber so. Es sind keine kilometerlangen

Rechnungen notwendig, für die man studiert haben muss. Man muss sich nur hinsetzen und rechnen, und vor allem müssen die richtigen Rechnungen erstellt werden.

Die unerfolgreichen Handwerker rechnen entweder gar nicht und denken sich: „Ach, das passt am Ende schon." Diese sind diejenigen, die Rechnungen von Baustelle A mit Abschlagszahlungen von Baustelle B finanzieren. Oder sie stellen Rechnungen aus, als würden sie gerade einen DAX-Konzern leiten.

Am Ende sitzen sie dann vor 12 riesigen Excel-Dateien und blicken selbst nicht mehr durch, was sie da eigentlich zusammenrechnen. Das Gewissen ist allerdings beruhigt, denn man beschäftigt sich ja ausführlich mit seinen Kosten – die Schuldfrage ist also geklärt: Sie sind nicht schuld!

Kennst du die Geschichte von dem Handwerker, der ein Schiff repariert, indem er kurz auf ein Rohr klopft und dafür 20.000€ haben möchte? Als der Kunde schockiert darüber war, warum er nun 20.000€ für 5 Minuten Arbeit haben möchte, antwortete er, dass die 20.000€ keine Zeitentschädigung sind, sondern eine Entschädigung für die ganzen Jahre, die der Handwerker gebraucht hat, um zu lernen, dass er exakt an dieser Stelle klopfen muss.

Weißt du, was erfolgreiche Handwerker machen? Sie zücken ihr Handy, tippen ein paar Zahlen in den Taschenrechner und treffen eine Entscheidung.

Ich überspringe jetzt mal das, was dazwischen passiert, aber am Ende des Tages kommen ein glücklicher Chef, glückliche Kunden und glückliche Mitarbeiter dabei heraus.

Kurz: Das Marketing muss passen (Positionierung, Kanäle, Zielgruppe, Preis etc.) und die Kosten müssen passen (Stundensatzrechnung, Budgetplanung, Liquiditätsplanung, Kennzahlen etc.) – dann kann einfach nichts mehr schiefgehen und die Welt glitzert in bunten Regenbögen. Das mit den Regenbögen war natürlich ein Spaß.

Es ist so simpel, aber es wird so oft falsch gemacht.

Dass es so oft falsch gemacht wird, ist auch verständlich. Soll ich dir verraten, warum? Wer sollte dir beigebracht haben, wie das funktioniert? Woher solltest du dieses Wissen bekommen haben? Die Meisterschule macht Gesellen zu Meistern in einem Handwerk.

Sie macht sie aber nicht zu Unternehmern. In der Lehre lernst du dein Handwerk, aber nicht, wie man ein Unternehmen führt; ebenso wenig wie in der Schule oder im Kindergarten. Also, wo soll dieses Wissen herkommen? Nirgends – genau. Es ist nicht deine Schuld!

Deshalb habe ich dieses Buch geschrieben, damit dieses Wissen endlich für jeden Handwerker in Deutschland zugänglich ist. In meinen Augen schafft jeder Handwerker jeden Tag unfassbare Werte, und das sollte am Ende des Tages auch mit Erfolg belohnt werden.

Du brauchst dir keine Sorgen machen, wenn du an der ein oder anderen Stelle im Buch der Meinung bist, dass du etwas nicht verstanden hast. Wenn man wirklich verstanden hat, was in diesem Buch steht, dann kann man eigentlich nicht anders, als erfolgreich zu sein.

Wenn es allerdings so einfach wäre, erfolgreich zu sein, dann wäre heute jeder erfolgreich. Ein bisschen etwas muss man schon tun. Nimm dir daher ruhig die Zeit und lies manche Kapitel vielleicht zwei oder dreimal, bis du sie verstanden hast.

Wenn du ebenso wie ich der Meinung bist, dass die Kombination aus Marketing und Kosten der Grundstein für einen erfolgreichen Betrieb ist und du nicht erst das Buch lesen, sondern deine Fragen sofort klären möchtest, **dann melde dich gerne unter www.attacke-handwerk.de und lass uns einen Termin ausmachen, um darüber zu sprechen.**

Es ist wichtig für dich zu verstehen, dass du mithilfe dieses Buches zwar sehr viel lernen wirst, aber das Buch kann natürlich nicht eine gemeinsame Umsetzung von mir und dir ersetzen. Das ist dir hoffentlich klar.

Es ist wie immer im Leben. Ich kann mir auch ein Buch über das Mauern einer Wand durchlesen. Und von mir aus kann ich mir auch ein YouTube-Video dazu ansehen. Aber ich garantiere dir, wenn ich noch nie eine Wand gemauert habe, wird diese Wand nicht im Ansatz so aussehen wie die Wand eines Maurers, der seit 20 Jahren mauert, aber noch nie ein Buch gelesen hat.

Die Praxis schlägt immer die Theorie!

Ich wünsche dir viel Spaß beim Lesen dieses Buches und hoffe, dass du damit Lösungen für die Aufgaben finden wirst, denen du gerade gegenüberstehst.

Ich bin mir sicher, es war eine sehr gute Entscheidung von dir dieses Buch zu kaufen.

.:0 attacke handwerk.

KAPITEL 2

DIE GROSSE WENDE

Die große Wende

Die Zeiten sind gerade hart, und die Baubranche geht den Bach herunter. So etwas höre ich ständig. Denkst du auch so? Ist es wirklich viel schwieriger als vor 15 Jahren?

Blicke dich in deinem und vielleicht in weiteren Betrieben um, die du kennst. Bevor die Baubranche begann „unterzugehen": Wann hast du dir das letzte Mal ernsthaft Gedanken über deine Kosten gemacht? Der Kunde hat es ja schließlich sowieso gezahlt. Wann hast du das letzte Mal aktiv dafür gesorgt, dass die Auftragsbücher voll sind, anstatt dich darauf zu verlassen, dass die Leute sich von selbst melden? Mit anderen Worten:

Wann hast du dich wirklich als Unternehmer bewiesen?

Immobilienblasen sind zyklische Erscheinungen. Das war schon immer so und wird auch wahrscheinlich immer so weitergehen. Das bedeutet, dass der Markt sich aufheizt, die Preise immer weiter in die Höhe steigen, und irgendwann, durch einen externen Faktor (in diesem Fall vor allem die Zinswende der EZB), platzt die Blase und die Preise sinken schlagartig.

Es gibt mit Sicherheit tragische Einzelfälle, bei denen es anders ist, aber unter uns gesagt: Ich habe kein Mitleid, wenn aktuell Betriebe bankrottgehen. Denn diese Betriebe haben entweder ausschließlich deshalb existiert, weil man sich bei derartigen Gewinnmargen quasi jeden Fehler erlauben konnte – die gleichen Fehler, die gerade das Genick brechen – oder weil man dachte, das ginge ewig so weiter und jetzt beginnt das Kartenhaus zu wackeln.

Du verdienst nicht mehr, wenn du mehr arbeitest.

Die erstbeste Strategie, die die meisten dann verfolgen, ist, noch mehr Gas zu geben. Man arbeitet einfach mehr, und am Ende wird sich schon alles fügen. Denn je mehr man arbeitet, desto mehr verdient man. Dieses Denkmuster hat seinen Ursprung in dem Gedanken, Zeit in Geld einzutauschen. Für einen Angestellten mag das zutreffend sein. Aber bei einem Angestellten hat die Zeit ein Preisschild. Dem Preis stehen keine Kosten gegenüber, und Fehler bezahlt der Chef.

Als Unternehmer ist es also wichtig, sich regelmäßig zu fragen, ob das, was man tut, noch sinnvoll ist. Man sollte sich fragen, ob man etwas optimieren oder ob man Fehler vermeiden kann. Es ist ein ständiger Verbesserungsprozess.

Ich verstehe, dass es in den letzten Jahren bequem war, sich nicht um Marketing zu kümmern oder seine Finanzen im Blick zu haben. Teilweise war es sogar unnötig. Warum Marketing betreiben, wenn die Kunden sowieso jeden Preis zahlen?

Doch wenn sich äußere Umstände ändern, ist es nicht sinnvoll, mit Anlauf noch schneller gegen eine Wand zu rennen. Manchmal sollte man kurz durchatmen und sich überlegen, welche Lösungen es für die aktuelle Situation gibt.

Du hast in den letzten Jahren Glücksspiel betrieben.

Etwas, das unter diesem Absatz mitschwingt, aber nicht klar ausgesprochen wird, ist, dass hier Glücksspiel betrieben wurde – streng genommen. Wenn du nicht weißt, wo deine Kunden herkommen, weshalb sie sich bei dir melden und wie es morgen doppelt so viele sein könnten, ist dein Umsatz dem puren Zufall überlassen. Und beim Glücksspiel hat man vielleicht mal eine Glückssträhne, doch irgendwann hat man auch mal Pech. Unternehmer sind keine Glücksspieler! Unternehmer planen, kalkulieren, verbessern, verändern, vermeiden Fehler, bauen Systeme und sorgen auf diese Art für ihr Glück.

Mundpropaganda ist schlechte Werbung.

Zu diesem Glücksspiel gehört auch die Mundpropaganda. Als Unternehmer möchtest du am liebsten alles steuern und kontrollieren. Empfehlungen von zufriedenen Kunden sorgen für neue Kunden. Da sind wir uns einig, oder? Wenn ein Kunde einen Handwerker sucht, fragt er seine Bekannten und im Optimalfall erfährt er, dass dieser mit dir gute Erfahrungen gemacht hat und dich weiterempfehlen kann, richtig?

Das hat allerdings einen kleinen Haken: Kannst du kontrollieren, was er erzählt bekommt? Kannst du sicherstellen, dass dein Kunde nicht weitere Empfehlungen von anderen Betrieben erhält, die sich besser anhören?

Weiterempfehlungen sind ein gutes Werkzeug. Sie müssen jedoch kontrollierbar und steuerbar sein. Und das erreichen wir durch effektives Marketing.

Wenn du mehr Gewinn erzielen möchtest, hör auf, Kosten zu sparen.

Eine weitere Strategie ist, Kosten zu sparen. In Deutschland ist und bleibt die Arbeitszeit das teuerste Gut. Nicht umsonst verlagert Stihl zum aktuellen Zeitpunkt seine Produktion von Deutschland in das „Niedriglohnland" Schweiz.

Es ist verführerisch, genau an diesem Punkt anzusetzen. Neue Mitarbeiter erhalten ein Trinkgeld als Lohn. Bestehende Mitarbeiter bekommen kein Weihnachtsgeld mehr, und pünktlich muss das Gehalt vielleicht auch nicht immer kommen.

Robert Bosch sagte einmal, dass seine Mitarbeiter nicht so viel verdienen, weil er so viel verdient, sondern dass er so viel verdient, weil seine Mitarbeiter so viel verdienen.

Es ist doch logisch, dass deine Mitarbeiter demotiviert werden und dadurch die Reklamations- und Krankheitsquote steigt. Ein Kostenfaktor, den du vielleicht noch nicht stark bedacht hast. Der richtige Denkansatz ist also gerade in diesen Zeiten, die guten Mitarbeiter noch mehr zu umwerben, damit die Qualität und somit auch der Ruf der Firma, das Betriebsklima und die Stabilität der Kostenstruktur gewährleistet bleibt.

Der Kunde bezahlt die Rechnung, nicht die Baustelle.

Eine letzte bedenkliche Strategie, die ich am schlimmsten finde, ist es, die Zufriedenheit des Kunden in den Hintergrund zu stellen. Man arbeitet so, wie man es schon immer gelernt hat und so, wie man es sich vorstellt. Manche treiben es auf die Spitze: Sie lügen dem Kunden das Blaue vom Himmel (bewusst oder unbewusst), sodass er aufgrund falscher Erwartungen einen Auftrag unterschreibt und unzufrieden ist, weil seine Erwartungen nicht erfüllt werden. „Der Auftrag ist unterschrieben. Die Arbeit ist erledigt. Der Kunde muss zahlen, sonst geht es vor Gericht. Ich habe Recht!"

Das falsche Denkmuster dahinter ist oft, dass diese Betriebe denken, sie hätten einen Vertrag mit der Baustelle. Doch das ist nicht so. Die Baustelle bezahlt die Rechnung nicht. Der Kunde bezahlt die Rechnung. Ein Handwerker ist ein Dienstleister für seinen Kunden, und sein oberstes Ziel ist die Zufriedenheit des Kunden. Der Kunde sorgt durch seine Überweisung dafür, dass die Gehälter gezahlt werden können, und der zufriedene Kunde sorgt dafür, dass in Zukunft noch mehr Kunden in den Auftragsbüchern stehen.

Jedes erfolgreiche Unternehmen arbeitet exakt nach diesen Glaubenssätzen: Kundenorientierung, Mitarbeiterorientierung und Optimierungsorientierung. Das war damals so, und das ist auch heute so.

Der Unterschied ist lediglich, dass die Betriebe, die nicht nach diesen Maßstäben gearbeitet haben, dennoch überlebensfähig waren. Es war chaotisch und oft eine Achterbahnfahrt zwischen Streitigkeiten mit Kunden, finanziellen Hochs und Tiefs sowie schlechtem Betriebsklima. Doch sie haben in der Regel überlebt.

Die Betriebe, die nach diesen Maßstäben gearbeitet haben, wurden in dieser Zeit in Seelenruhe reich.

Heute sind die einen Betriebe teilweise gezwungen, den Markt zu verlassen, während die anderen in der Lage sind, die Turbulenzen gut auszugleichen – und damit ist größtenteils kein finanzieller Puffer gemeint.

Du wirst im Laufe dieses Buches lernen, dass Marketing und die oben genannten Glaubenssätze Hand in Hand gehen. Ich will die Sache an dieser Stelle nicht unnötig komplex machen, denn du wirst diesen Zusammenhang mit der Zeit verstehen.

.:l attacke handwerk.

KAPITEL 3

DER WEG IN DEINE AUFTRAGSBÜCHER

Der Weg in deine Auftragsbücher

Als ich an dieser Stelle des Buches war, habe ich lange mit mir gehadert und war mir unsicher, was ich tun soll. Jetzt sitze ich an meinem Laptop und bin mir sicher, den richtigen Weg und die passenden Worte gefunden zu haben.

Stell dir vor, du möchtest in einer Wohnung Vinyl verlegen und ein Kunde fragt dich, welche Auswirkungen das auf die Statik des Hauses hat. Er fragt, weil er keine Ahnung hat. Für dich und für mich ist die Antwort sonnenklar. Ich für meinen Teil muss mir beim Schreiben dieses Buches jedoch die Frage stellen, was alles in diesem Buch stehen muss und wie ich es sinnvoll erkläre, damit du am Ende das Thema nachvollziehen kannst.

Das Ziel des Buches ist, dass du am Ende verstehst, wie es manchen Betrieben gelingt, im Schlaf Geld zu drucken, während andere schweißgebadet ums Überleben kämpfen. Nein, das war falsch. **Ziel ist es, dass du verstehst, warum du nicht im Schlaf Geld druckst** und wie einfach das sein kann, wenn du weißt, welche Schritte notwendig sind.

Ich habe mich entschieden, dieses Kapitel als einleitendes Beispiel zu verwenden, um dir die Macht des Internets und des Marketings zu demonstrieren.

Wenn man alles stark herunterbricht, musst du dir nur drei Fragen stellen:

1. **Wo ist dein potenzieller Kunde?**
2. **Welcher Weg führt von dort in deine Auftragsbücher?**
3. **Was motiviert den potenziellen Kunden, diesen Weg zu gehen?**

Das klingt einfach, oder? Da steht ein potenzieller Kunde am Straßenrand. Du hältst mit deinem Auto an, kurbelst das Fenster herunter und sagst ihm, dass du ihm das Dach decken kannst – er muss nur einsteigen und mitkommen. Er wird dich erst einmal verdutzt anschauen, aber nachdem du ihm Bilder von seinem kaputten Dach gezeigt hast, wird er einsteigen und mitkommen. Und ins Navi gibst du deine Auftragsbücher ein.

Da diese Art der Kundenakquise auf Dauer jedoch etwas unseriös wirken könnte, sollten wir uns besser andere Strategien überlegen.

Fakt ist: Das ist alles, was sich hinter Marketing verbirgt.

Natürlich ist es in der Praxis nicht ganz so einfach, sonst wäre ja jeder Multimillionär, aber theoretisch sind das die Fragen, die du beantworten musst.

Gehen wir die Fragen also Stück für Stück durch. Damit das Ganze nicht so langweilig wird und ich unzählige Male „der potenzielle Kunde" schreibe, nennen wir unseren potenziellen Kunden ab sofort einfach Manfred.

Manfred siehst du auf dem Bild rechts. Ein schnittiger Typ und ab sofort das Symbol für all die potenziellen Kunden, die in deine Auftragsbücher kommen sollen.

MANFRED MÜLLER

IT-MANAGER

DREI WORTE ÜBER MICH

FAMILIENVATER
COOLER TYP
NEUGIERIG

PROFIL

Ich bin 38 Jahre alt, komme aus Burladingen, bin verheiratet und habe zwei wunderbare Kinder im Alter von 10 und 12. Ich bin gelernter IT-Manager und arbeite bei einem mittelständischen Softwareanbieter. Ich reise gerne und liebe es Zeit mit meiner Familie zu verbringen.

BEDÜRFNIS

Aktuell wollen wir eine Wohnung, die wir als Wertanlage gekauft haben, sanieren und suchen deshalb Firmen, die die anstehenden Arbeiten umsetzen.
Sie sollten zuverlässig sein und qualitativ hochwertige Arbeit leisten. Dieses mal geben wir lieber ein paar Euro mehr aus aber wissen, dass wir uns auf die Betriebe verlassen können.

SORGEN

Ich habe schon einmal schlechte Erfahrungen mit Handwerksbetrieben gemacht. Meine Frau war schwanger und wir befanden uns mitten im Hausbau. Es war bis zuletzt unklar, ob das Haus vor der Entbindung fertig wird. Der Heizungsbauer begann nicht wie geplant, was zu einer Verzögerung der gesamten Baustelle führte.

HOBBYS

Ich gehe am Wochenende gerne auf die Fussballspiele meines Sohnes, der mittlerweile Stamm-Stürmer bei seinem Fussballverrein ist. Außerdem spiele ich gerne Tennis und miete mir einmal im Jahr mit Kumpels in den Bergen eine Hütte, um zu wandern und einfach mal abzuschalten.

Wo ist Manfred?

Die Frage, wo sich Manfred aufhält, ist wichtig, denn es muss einen Moment geben, an dem du zum ersten Mal mit ihm in Kontakt trittst – den ersten Berührungspunkt.

Das kann ein Plakat an der Straße, ein Reel auf Instagram oder ein Banner auf dem Sportplatz sein. Es kann auch eine Messe oder ein anderes Branchenereignis sein, wenn Manfred ein bestimmter Gewerbetreibender ist. Oder es kann die Google-Suchleiste sein, weil Manfred gerade nach einem Handwerker sucht und dich dort findet.

Das bedeutet, es gibt viele Wege, die zu dir führen können, weil es zahlreiche Orte gibt, an denen sich Manfred theoretisch aufhalten kann.

Das ist der Grund, weshalb du beispielsweise über zahlreiche Marketing-Kanäle hinweg Werbung von großen Marken siehst. Du siehst Coca-Cola-Werbung überall, weil ein Kunde überall von Coca-Cola abgeholt werden kann. Du musst dir also die Frage stellen, wo sich Manfred aufhalten könnte.

Genau an dieser Stelle beginnt das Marketing.
Im Marketing fragen wir uns zuerst, wer Manfred überhaupt ist. Wenn du beispielsweise ein Dachdecker bist, der auf landwirtschaftliche Hallen spezialisiert ist, kannst du im örtlichen Rewe so viel Werbung schalten, wie du möchtest – das wird

dir nicht viel bringen, denn im örtlichen Rewe laufen nicht viele Bauern herum. Diese laufen allerdings auf landwirtschaftlichen Messen oder lesen landwirtschaftliche Zeitungen.

Die Frage, wo sich Manfred befindet, hängt also auch maßgeblich davon ab, wer er ist. Wichtig ist, dass du verstehst, dass Manfred irgendwo von dir erreicht werden muss, und wir überlegen uns, wo das ist.

Wie sieht der Weg in deine Auftragsbücher aus?

Das klingt erst einmal nach einer blöden Frage, oder? Er ruft an, du schaust dir die Baustelle an, machst ein Angebot und er unterschreibt den Auftrag. Fertig, oder?

Wenn es so einfach ist, kannst du das Buch ja zuklappen. Ich gehe davon aus, dass das nicht der Fall ist, denn das findet alles nur statt, wenn Manfred auch bei dir anruft. Und bevor er anruft, ist er bereits einen gewissen Weg gegangen. So blöd ist die Frage bei genauerem Hinsehen also gar nicht, oder?

Manfred wird selten sonntagsmorgens zum Fußballspiel seines Sohnes gehen, dabei ein Bier genießen und einen Banner von dir am Sportplatz sehen und dann anrufen und sagen: *„Hi, hier bin ich. Ich möchte, dass du mir das Dach deckst."*

Bist du wirklich der Meinung, Manfred googelt kurz, ruft dich an und beauftragt dich? Nein, Manfred kauft kein Packung Kaugummi an der Supermarktkasse. In Wirklichkeit gehört mehr dazu.

Manfred durchlebt einen Entscheidungsprozess, und diesen Prozess müssen wir steuern.

Hier reden wir von so genannten Berührungspunkten zwischen dir und dem lieben Manfred. Manfred wird irgendwann

Was braucht es für Manfred, um bei dir einen Auftrag zu unterschreiben?	
2020	Heute
Hast du noch einen Termin frei?	Sind deine Bewertungen gut? Leistest du gute Arbeit? Hast du zu meinem Wunschzeitraum Zeit? . . .

den ersten Kontakt mit dir haben, beispielsweise durch einen Banner, und dann beginnt relativ schnell eine Reise für ihn.

Eine Reise, die bei jedem deiner Kunden ähnlich aussehen wird. Sie stellen sich die Frage, ob du der richtige Ansprechpartner bist. Denk daran: Wir haben nicht mehr 2020 da draußen. Mittlerweile verhandelt man wieder mit den Kunden auf Augenhöhe und nicht mehr nur über Termine.

Was passiert, wenn du etwas googelst? Es ploppen Suchergebnisse auf, du klickst darauf und schon bist du auf der Webseite von dem, wonach du gegoogelt hast. Wenn derjenige nun keine Webseite hat, kann man ihn auch nicht finden.

Wenn man nach einem Dachdecker googelt, weil man ein Banner gesehen hat, fragt man sich vielleicht, wer das ist. Man gibt den Firmennamen bei Google ein und sucht nach einer Webseite.

Es ist egal, wie du es drehst und wendest: Der zentrale Dreh- und Angelpunkt deines Marketings ist heute deine Webseite. Wenn du ernsthaft neue Kunden gewinnen möchtest, die nicht über Mundpropaganda (also durch Glück) zu dir kommen, bist du ohne Webseite verloren!

Die Frage ist nur, wie du es schaffst, dass Leute deine Webseite besuchen und dich anrufen.

Selbstverständlich gibt es Ausnahmen, aber beobachte mal dein eigenes Verhalten. Wie oft beauftragst du jemanden oder kaufst etwas und besuchst vorher die Webseite? Bei alltäglichen Käufen wie dem Wocheneinkauf bei Rewe ist das klar.

Beauftragt dich jeder Mensch, der deine Webseite besucht? Nein, oder? Offensichtlich passiert also auf deiner Webseite irgendetwas mit dem Webseitenbesucher, das ihn zu einer der beiden Entscheidungen bringt: *„Da rufe ich jetzt an."* oder *„Da rufe ich nicht an."*

Eine professionelle Webseite garantiert zwar keine Trefferquote von 100 %, aber sie erhöht die Wahrscheinlichkeit erheblich – um es mal vorsichtig zu formulieren.

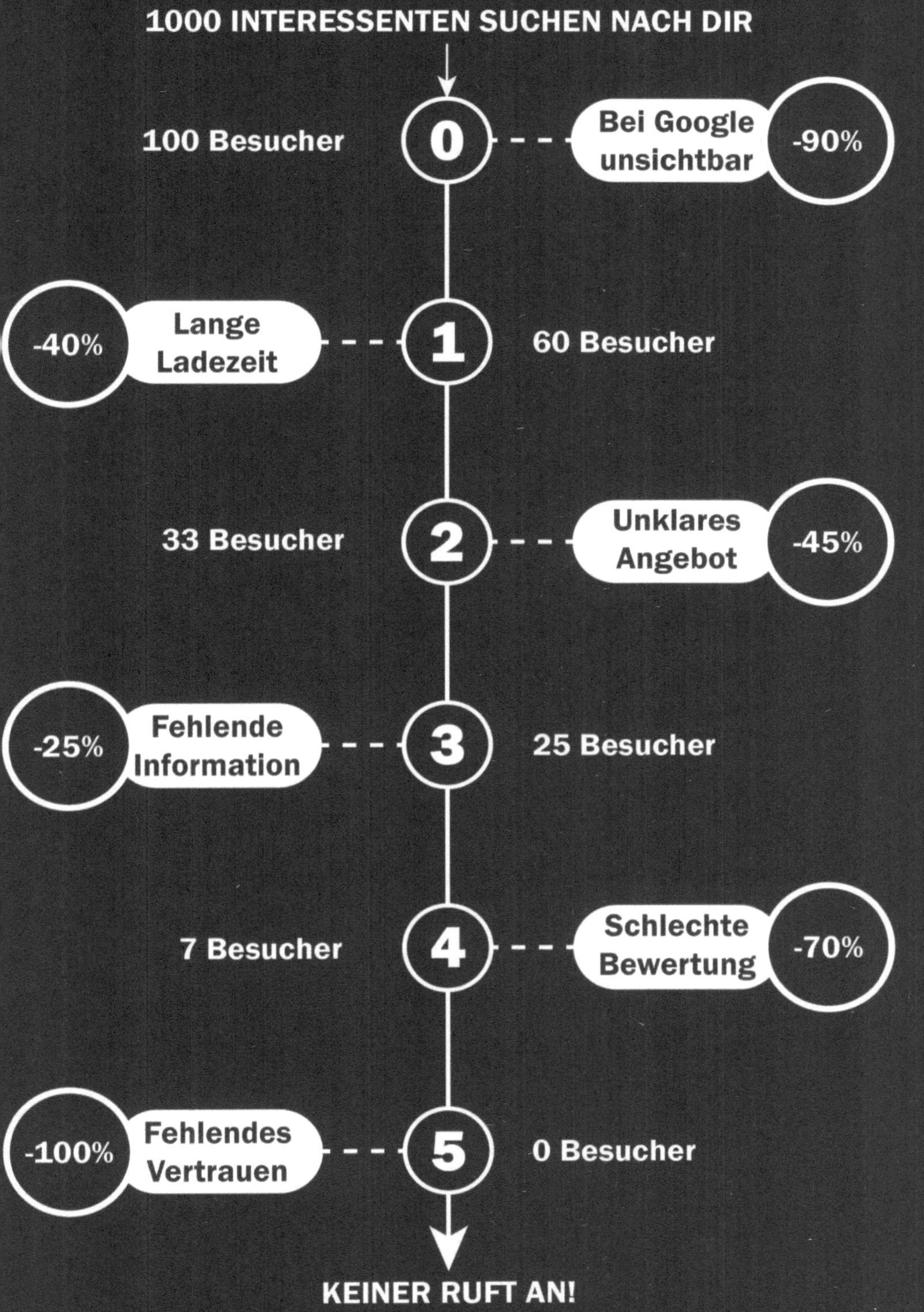

1000 INTERESSENTEN SUCHEN NACH DIR
0
100 Besucher
Bei Google unsichtbar
-90%
-40%
Lange Ladezeit
1
60 Besucher
33 Besucher
2
Unklares Angebot
-45%
-25%
Fehlende Information
3
25 Besucher
7 Besucher
4
Schlechte Bewertung
-70%
-100%
Fehlendes Vertrauen
5
0 Besucher
KEINER RUFT AN!

Ich greife gerade zu sehr vorweg. Gehen wir also nochmal einen Schritt zurück.

Skizziere auf der nächsten Seite (umblättern) ein paar Wege, die von Manfreds (symbolischer) Couch in deine Auftragsbücher führen könnten.

Wenn dir der Platz nicht reicht, nimm dir einfach ein Schmierblatt zur Hand. Lies erst dann weiter. Stell dir vor, dass du in Manfreds Situation bist, weil du vielleicht gerade ein Banner von einem Anwalt am Sportplatz gesehen hast.

Wie beginnt es? Der erste Kontakt – die Aufmerksamkeit. Du hörst zum ersten Mal von einem Betrieb: der Banner, das Plakat, das Reel bei Instagram, die Erzählung eines Bekannten etc. – das hatten wir schon.

Was passiert danach?

Gehe es penibel und Schritt für Schritt durch. Zeichne jeden Weg auf, der dir einfällt, und lies dann weiter. Ich habe dir hier rechts mal ein Beispiel aufgezeichnet.

Wenn du damit fertig bist, müssen wir uns die nächste Frage stellen.

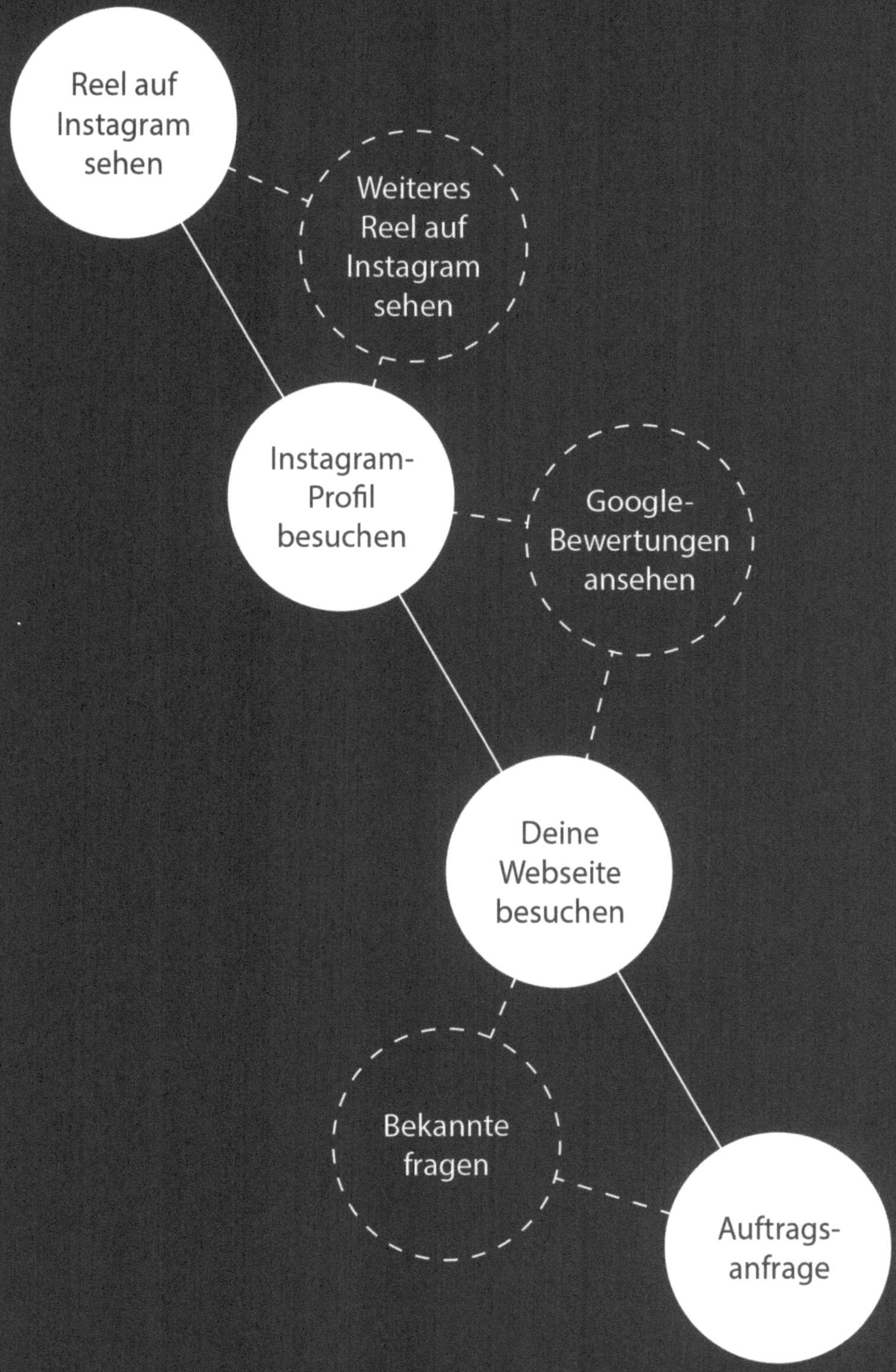

Reel auf Instagram sehen
Weiteres Reel auf Instagram sehen
Instagram-Profil besuchen
Google-Bewertungen ansehen
Deine Webseite besuchen
Bekannte fragen
Auftrags-anfrage

Verwende diese Doppelseite um potenzielle Wege aufzuzeichnen.

Wie schaffen wir es, dass Manfred losläuft?

Du kannst in deinem Kämmerlein sitzen und dir den besten Plan ausmalen. Du kannst dir vorstellen, dass Manfred den Banner am Sportplatz sieht, daraufhin auf deine Webseite geht und dich anruft. Du kannst dir vorstellen, dass Manfred dein Plakat an der Straßenecke sieht, dich googelt und anruft. Du kannst Werbeanzeigen bei Facebook schalten und hoffen, dass Manfred daraufhin anruft.

Es kann jedoch auch sein, dass der Banner keine Wirkung erzielt und er sich lieber weiter über den Schiedsrichter aufregt, der gerade auf Einwurf entschieden hat, obwohl der Ball noch nicht über der Linie war.

Diese Dinge sehen hunderte oder sogar tausende Menschen. Der eine Banner sorgt dafür, dass zwanzig von fünfhundert Menschen anrufen, während ein anderer Banner nur einen von fünfhundert Menschen dazu animiert.

Irgendetwas scheint also den Unterschied zu machen. Irgendwo hinter diesen Bannern verbirgt sich etwas, das man nicht sehen kann, sondern nur in den Ergebnissen wahrnehmen kann. Verdammt nochmal, die beiden Banner sehen fast gleich aus. Wie kann das sein? Das kann doch nicht vom Zufall abhängen, oder?

Da ist ein anderer Betrieb, der ständig neue Kunden hat und

eine richtig schöne Webseite hat. Du hast dir so viel Mühe gegeben, deine Webseite so hinzubekommen und sie sieht toll aus. Aber deine Webseite liefert dir einfach keine Kunden. Glaubst du, das ist Zufall?

Ich kann dich beruhigen: Es hängt nicht vom Zufall ab. Dahinter verbirgt sich ein Konzept.

Der Unterschied, ob von 500 Leuten, die deinen Banner gesehen haben, keiner, einer, fünf oder zwanzig Personen anrufen, liegt in der Verkaufspsychologie.

Ob dich jemand googelt oder sich an dich erinnert, nachdem er deinen Banner gesehen hat, hängt von der Verkaufspsychologie ab, die dahintersteckt.

Ob jemand dich anruft, nachdem er deine Webseite besucht hat, hängt von der Verkaufspsychologie ab, die hinter der Webseite steckt.

Ob der Weg von Manfred nicht ins Leere läuft oder in die Auftragsbücher eines Konkurrenten führt, hängt vom verkaufspsychologisch intelligenten Aufbau des Weges ab, den du dir überlegt hast.

Es ist eine Formel dahinter – wie in der Mathematik. Und es ist vollkommen egal, ob es nun deine Webseite ist, dein Banner, dein Flyer, dein Zeitungsartikel oder sonst etwas.

Die meisten Leute denken, wenn diese Dinge professionell designt sind, dann erfüllen sie ihren Zweck, dir die Auftragsbücher zu füllen. Pustekuchen!

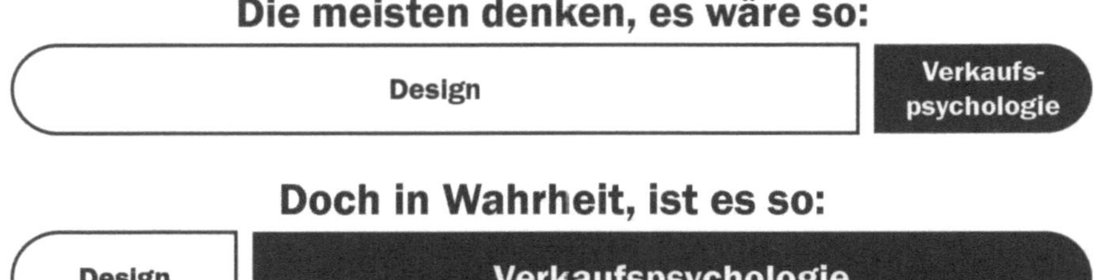

Das Design ist wichtig – ja. Aber es steht an zweiter Stelle. An erster Stelle steht die Verkaufspsychologie, der strategische Aufbau dieser Werkzeuge.

Aber Vorsicht: Du kannst die beste Webseite der Welt haben, die von dem besten Verkaufspsychologen der Welt gebaut wurde. Wenn niemand die Webseite besucht, weil er nicht dazu animiert wird, werden die Mechanismen nicht greifen.

Wichtig ist also, dass du verstehst, dass jede der Stationen, die du dir aufgezeichnet hast, Möglichkeiten sind, Manfred in deine Auftragsbücher zu locken. Es ist fast wie bei Hänsel und Gretel. Du legst eine Spur, und Manfred folgt den Brotkrümeln.

Der Unterschied ist, dass er am Ende nicht im Ofen landet, sondern den besten Handwerker in seiner Region beauftragt.

Das System: Verkaufspsychologie

Fassen wir also nochmal zusammen: Wie beginnt es? Der erste Kontakt – die Aufmerksamkeit. Manfred hört zum ersten Mal von deinem Betrieb: sei es durch einen Banner, ein Plakat, ein Reel auf Instagram oder die Erzählung eines Bekannten. Das ist klar. Was passiert danach?

Ich hoffe, du hast die Aufgabe, die du zuvor bearbeitet hast, vor dir liegen und schaust sie dir an.

Er wird nach dir googeln, Bewertungen über dich lesen, Bekannte fragen, ob sie bereits Erfahrungen mit dir gemacht haben. Vielleicht vergisst er es und sieht eine Woche später einen Firmenbus mit deinem Logo, was ihm im Gedächtnis geblieben ist.

Wenn du es geschafft hast, fünf Wege aufzuzeichnen, die ohne Webseite funktionieren, dann klapp das Buch zu. Du bist ein besserer Marketer als ich, und ich kann dir nicht helfen! Ich gehe sogar noch weiter: Wenn der Großteil der Wege ohne Webseite funktioniert, dann klapp das Buch zu und schnapp dir die Kohle, die bei dir offenbar überall auf der Straße liegt.

Ich gehe mal davon aus, dass dem nicht so ist, und das, was du aufgezeichnet hast, sieht ungefähr so aus wie auf der nächsten Seite.

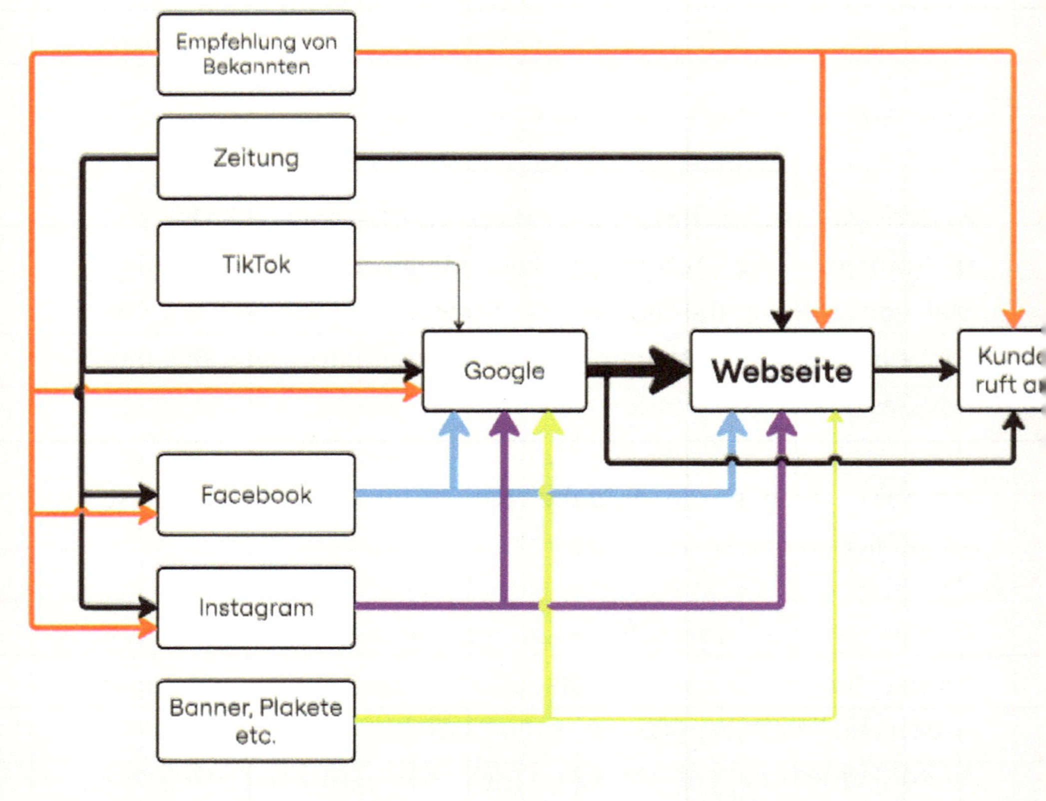

Randnotiz: Nehmen wir die Empfehlung des Bekannten als Beispiel. Natürlich ist es möglich, dass Manfred direkt danach bei dir anruft, ohne dich zu googlen oder deine Webseite zu besuchen. Aber wie wahrscheinlich ist es? Was ist wahrscheinlicher?

Natürlich kann er dich googlen und dich direkt danach anrufen (sofern er dich dort überhaupt findet). Wahrscheinlich wird er aber zwischendurch erst auf deine Webseite gehen.
Vielleicht erhöht eine Webseite auch die Wahrscheinlichkeit eines dicken Auftrags, weil der Kunde danach schon heiss wie Frittenfett ist und nur noch wissen will, wann es losgehen könnte ;)

Damit dieses System regelmäßig und planbar neue Kunden generiert, muss es aus verkaufspsychologischer Sicht intelligent aufgebaut sein. Die Regel Nummer 1 in der Verkaufspsychologie folgt einem bestimmten Ablauf: Du brauchst zuerst die Aufmerksamkeit von Manfred, dann musst du sein Interesse wecken, ein Verlangen erzeugen und schließlich forderst du ihn zur Handlung auf.

Da wir Menschen über 90 % unserer Entscheidungen unterbewusst treffen, ist es entscheidend, mit Bildern und Emotionen zu arbeiten. Diese Elemente sind viel einprägsamer als stumpfe Informationen.

Das rührt aus unserer Evolution. Wenn ein Tiger vor uns stand, hatten wir keine Zeit, uns bewusst Gedanken zu machen, ob die Situation gefährlich ist oder ob wir gleich gefressen werden. Unser Unterbewusstsein hat sofort den Befehl erteilt: Wegrennen! Ein cooler Mechanismus, oder?

Wenn du heute die Nachrichten oder dein Instagram durchscrollst, kannst du dich danach oft an nichts mehr erinnern. Du erinnerst dich nur an starke Emotionen – an Kriegsbilder oder Feindbilder, weil genau diese Bilder und Emotionen die tiefsten Ängste und Wünsche in dir ansprechen.

Deshalb haben zum Beispiel lange Texte auf einer Webseite nichts verloren; sie werden weder gelesen noch führen sie zu einer Handlung vom Webseitenbesucher. Im Gegenteil: Im

Durchschnitt verbringen Webseitenbesucher gerade mal 40 Sekunden auf einer Webseite. In dieser Zeit haben sie nicht einmal bis zu diesem Text gescrollt oder geklickt, es sei denn, die Seite hat sie sofort gefesselt.

Menschen benötigen 1-10 Sekunden, um sich eine Meinung zu einer anderen Person zu bilden. Das nennt man den Primacy-Effekt oder „Erster Eindruck"-Effekt.

Unsere Gehirne sind darauf trainiert, schnell Informationen zu verarbeiten und Urteile zu fällen. Glaubst du, dass es bei Webseiten anders ist?

Wenn das Erste, was ein Webseitenbesucher sieht, ihn nicht gleich fesselt und sein Interesse weckt, bist du raus. Du schaltest im TV die Programme im Sekundentakt durch und scrollst in Social Media genauso schnell. Du schaust dir 10 Webseiten in 3 Minuten an, wenn du etwas suchst.

In dieser Zeit liest du keine riesigen Texte oder bleibst auf Seiten, die du als uninteressant empfindest. Erkennst du dich wieder? Natürlich tust du das. Denn wir Menschen sind alle so.

Es ist unsere Psyche, die ganz logische Abläufe hat, dokumentiert in der Wissenschaft, die wir „Psychologie" nennen.
Wenn wir nun jemandem etwas verkaufen wollen, bedienen wir uns der Psychologie und nennen es Verkaufspsychologie.

Vielleicht bist du einer dieser Menschen: Du baust wochenlang eine eigene Webseite mit einem Baukasten-Tool.

Du gibst dir so viel Mühe. Du verzichtest auf Geld, um besser die Webseite fertigzustellen, statt auf der Baustelle zu stehen. Du haderst mit jedem Wort und schreibst wunderbare Texte. Und am Ende musst du feststellen, dass niemand anruft. Vielleicht kannst du sogar Statistiken einsehen, die zeigen, dass nicht einmal jemand die Webseite besucht.

Eine Webseite muss darauf ausgelegt sein, Vertrauen aufzubauen und Emotionen zu erzeugen. Sie muss zeigen, dass du die Lösung für die Probleme des Webseitenbesuchers bist.

Er hat Ängste, die du lindern kannst. Er hat Wünsche, die du erfüllen kannst. Und dies muss nach einem ganz bestimmten Aufbau und einer bestimmten Reihenfolge geschehen.

Unter uns: Die Leute interessiert nicht, ob du ihnen erzählst, dass du ein guter Handwerker bist. Sie interessiert nicht, ob du mit 16 auf der Jakob-Mankel-Schule warst und einen Buchstabierwettbewerb gewonnen hast.

Sie interessiert, ob sie sich bei dir keine Sorgen machen müssen und ob du ihren Traum erfüllen kannst!

Versetz dich mal in die Lage des Badezimmerkunden. Wie wird das Badezimmer bezahlt? Entweder im Rahmen einer Kreditfinanzierung, die über mehrere Jahre geht und große Teile des Einkommens auffrisst, oder Manfred hat möglicherweise jahrelang für dieses Badezimmer gespart.

Jahrelange harte Arbeit und mühsames Sparen haben dazu geführt, dass Manfred jetzt in der Lage ist, dieses Badezimmer bauen zu lassen. Mach dir bewusst, aus welcher Perspektive Manfred auf dein Handwerk blickt.

Für dich ist es ein Auftrag von vielen. Für dich als Unternehmer ist das vielleicht nicht so wild. Du siehst deine Kalkulation und könntest heulen, wenn du merkst, was nach Abzug aller Kosten und Steuern in deiner Tasche bleibt.

Manfred vertraut dir aber den Gegenwert seines schmerzvollen Sparens und seiner harten Arbeit an. Es ist für ihn eine Investition in einer Höhe, die er wahrscheinlich nur wenige Male in seinem Leben tätigen wird. Er wird sich nicht einfach so ein zweites Badezimmer leisten können, wenn etwas schiefgeht.

Selbst wenn er das Bad gedanklich schon von dir gebaut bekommen hat, kommen die nächsten Zweifel auf:

- Was kostet es, wenn etwas schiefgeht?

- Was kostet ein Wasserschaden, weil ein Rohr nicht richtig verpresst wurde oder der Boden nicht richtig abgedichtet wurde?
- Ist die Firma im Gewährleistungsfall noch greifbar und finanziell dazu in der Lage?
- Kommen sie und reparieren es sofort, oder ist man erst einmal drei Jahre im Rechtsstreit?

Manfred hat seit Wochen oder sogar Monaten diese Fragen im Kopf. Fragen über Fragen, die eine riesige Entscheidung betreffen, die für die meisten Menschen nun einmal leider so aussieht.

Manfred ist jetzt also ausgestattet mit einem Koffer voller Ängste und Sorgen, und der Betrieb, der es am besten schafft, Manfred diese Ängste zu nehmen – der bekommt den Auftrag!

Menschen sind in ihrer Geschichte pausenlos darauf programmiert worden, Fehler zu vermeiden. In den heutigen Verhältnissen mag das unvorstellbar erscheinen, aber vor nicht allzu langer Zeit konnte das falsche Essen den Tod bedeuten. Man hat sich etwas gebrochen und konnte unter Umständen daran sterben. Man ist in die falsche Richtung gelaufen und war plötzlich inmitten eines anderen Stammes – tot.

Fehler zu begehen hat in der Vergangenheit den Tod bedeutet, also sind wir auf Fehlervermeidung programmiert. Gib

Manfred jederzeit das Gefühl, dass er keinen Fehler macht und in guten Händen ist!

Jetzt sitzt Manfred da und sucht nach einem Handwerker, bei dem er keine Angst haben muss. Er sucht einen sicheren Hafen. Du hast Manfred, der vor so einer großen Entscheidung steht, entweder vor dir oder auf deiner Webseite. Du willst 20.000 € oder 30.000 € für ein Badezimmer von ihm haben. Er sieht jedoch eine selbstgebastelte Webseite mit einem längst überholten Design – verpixelte Bilder und keine klare Aussage darüber, ob du ein Ein-Mann-Betrieb bist, der erst seit zwei Jahren besteht, oder ein 20-Mann-Betrieb in der dritten Generation.

Es ist, als würde ein Typ in der Disko auf eine Frau zugehen und fragen: ***„Hast du Bock, mit mir nach Hause zu kommen?"***

Sicherlich gibt es die ein oder andere, die das machen würde. Aber seien wir ehrlich: In der Regel möchte eine Frau zunächst einen Drink und ein bisschen Smalltalk – wahrscheinlich will sie auch erst ein oder zwei Dates.

Klar gibt es hier und da Kunden, die aufgrund einer solchen Baukasten-Webseite anrufen. Aber willst du solche Kunden? Kunden, die so einfach zu haben sind? Warum sind sie so einfach? Weil sie sonst keiner haben will.

Deine Webseite ist das erste Date zwischen dir und Manfred.

Sie entscheidet in vielen Fällen darüber, ob es ein zweites Date gibt oder nicht. Die Zeiten haben sich geändert. Du bist nicht mehr der letzte Mann auf einer Party, wo sonst nur betrunkene Single-Frauen sind. Jetzt hast du wieder Konkurrenz, und die Frauen sind nüchtern.

Wer die Chance einer professionellen Webseite nicht erkennt, dem ist nicht mehr zu helfen. Du zählst doch nicht zu dieser Kategorie, oder? Du bist schlauer als deine Mitbewerber da draußen, oder? Wenn du nicht nachlässig mit diesem Potenzial umgehen möchtest, erkläre ich dir jetzt, was alles notwendig ist, um eine professionelle Webseite zu erschaffen.

Es ist wie bei einem Bad. Du kannst nicht einfach drauflosfliesen, wenn noch keine Rohre verlegt und kein Trockenbau gemacht wurden. Man muss es Schritt für Schritt aufbauen.

Der Aufbau umfasst: Marketing, Markenaufbau, Webdesign und Marketingmaßnahmen. Und schwups, springst du wie Dagobert Duck in den Geldspeicher. Ich hoffe, du hast deine Badehose dabei.

Die wichtigsten Learnings

1 · Marketing besteht aus drei Schlüsselfragen

Um erfolgreiches Marketing zu betreiben, muss man sich grundlegend nur drei Fragen stellen:

Wo ist der Kunde?
Wie kommt er von dort in die Auftragsbücher?
Wie motiviert man ihnen diesen Weg zu gehen?

2 · Deine Beauftragung ist ein Entscheidungsprozess und kein Affektkauf.

Ein Kunde beauftragt dich nicht aus dem Affekt heraus und gibt dir ohne weiteres einen vier-, fünf oder sogar sechsstelligen Betrag.

Er durchlebt einen Prozess der Entscheidungsfindung auf Basis ganz bestimmter Faktoren.

Verkaufspsychologie ist der Schlüssel zum Erfolg 3

Wenn man systematisch und erfolgreich verkaufen möchte, dann muss man sich die Mittel der Psychologie zu Nutze machen.

Der Kunde hat Ängste, du kannst sie lindern. Der Kunde hat Wünsche, du kannst sie erfüllen. Er davon überzeugt werden, dass du das kannst. Das macht man mithilfe der Verkaufspsychologie.

Deine Webseite ist der Dreh- und Angelpunkt in deinem Marketing 4

Egal wie ein Kunde nun in deine Auftragsbücher gelangt. Irgendwo auf diesem Weg wird er mit großer Wahrscheinlichkeit über deine Webseite gehen.

Deine Webseite ist deine Visitenkarte. Sie verwandelt Webseitenbesucher zu Menschen, die dich beauftragen möchten.

attacke handwerk.

KAPITEL 4

MARKETING

Marketing

Als Nächstes wenden wir uns dem Thema Marketing zu. Marketing ist ein sehr abstrakter Begriff, mit dem viele Menschen Schwierigkeiten haben. Oft stellen sie sich viel mehr oder weniger darunter vor, als es letztendlich tatsächlich ist.

Ich bitte dich, dieses Kapitel genau zu lesen. Wenn du als Selbständiger oder Unternehmer nicht aus dem Stehgreif die Frage beantworten kannst, was Marketing ist, wird dieses Kapitel dein Verständnis für dein Geschäft grundlegend verändern – das kannst du dir sicher sein.

Wenn du denkst, Marketing sei dasselbe wie Werbung, liegst du falsch. Werbung ist lediglich ein kleiner Teilbereich des Marketings.

Wenn du der Meinung bist, Marketing sei nur etwas für große Unternehmen und teuer, dann liegst du ebenfalls falsch. Es gibt durchaus kostenlose Marketingstrategien.

Wenn du glaubst, Marketing sei nicht notwendig, solange du gute Arbeit leistest, dann trifft das nur zu, wenn jeder Mensch in deiner Region weiß, wie gut du arbeitest. Ist das der Fall?

Wenn du denkst, dass du kein Marketing brauchst, weil die Kunden von selbst kommen, hast du den Verstand verloren.

Und was Marketing definitiv nicht ist: bedruckte Feuerzeuge, Flyer usw.

Im Grunde genommen ist Marketing ein sehr einfach zu verstehendes Thema, das allerdings in seiner praktischen Umsetzung sehr komplex werden kann. Ich möchte nun versuchen, dir das Thema Marketing so verständlich wie möglich zu erklären.

Marketing kommt von „Markt". Ein Markt besteht aus Angebot und Nachfrage. Wo Angebot und Nachfrage aufeinandertreffen, gibt es einen Preis. Mit einfachen Worten heißt das: Irgendjemand besitzt etwas, das ein anderer haben möchte, und das hat seinen Preis.

Im Marketing geht es darum, als Anbieter das Optimum aus dieser Situation herauszuholen. Dabei gibt es je nach Betriebsgröße sowie Produkt oder Dienstleistung eine Vielzahl von Fragen, die du dir stellen musst:

- Wer sind die Menschen, die etwas von mir kaufen möchten? Beispiel: Manfred.
- Gibt es noch andere, die dasselbe Handwerk wie ich anbieten?
- Was mache ich besser als meine Konkurrenten?
- Wie schaffe ich es, Manfred klarzumachen, dass ich genau das habe, was er möchte?
- Weiß Manfred überhaupt, dass ich existiere, und wie

mache ich das bekannt?

- Wie schaffe ich es, dass Manfred in meinem Angebot einen höheren Wert sieht und bereit ist, mehr dafür zu bezahlen?
- Wie schaffe ich es, dass Manfred sofort an mich denkt, wenn er an Dächer denkt?

Mit solchen Fragen beschäftigt sich Marketing. Die Umsetzung ist nicht für Anfänger, aber als Unternehmer solltest du dir diese Fragen dringend stellen, um enorme Vorteile zu erhalten.

Du kannst Manfred so oft und so lange erklären, was für ein toller Handwerker du bist, und dich wundern, warum er trotzdem zur Konkurrenz geht. Ihm interessiert nicht, ob du ein hervorragender Handwerker bist – das setzt er voraus.

Er hat mit Bekannten gesprochen, und alle hatten dasselbe Problem: Ihre Baustellen wurden zwar handwerklich gut ausgeführt, aber nicht termingerecht fertiggestellt. Offensichtlich sind die Handwerker in Manfreds Region in der Planung nachlässig.

Er möchte jedoch sicher sein, dass die Baustelle termingerecht abgeschlossen wird. Hätte auf deiner Webseite eine entsprechende Garantie gestanden, die durch zwei Kundenstimmen unterstützt wird, hätte er dich bereits gedanklich beauftragt, bevor er dich zum ersten Mal kontaktiert hat.

Wenn beispielsweise alle deine Konkurrenten nicht in der Lage sind, ihre Termine fristgerecht einzuhalten, sind potenzielle Kunden in deiner Region logischerweise genervt von Unpünktlichkeit und suchen nach einem Handwerker, der seine Termine einhält.

Woher soll Manfred wissen, dass du der bist, der termingerecht arbeitet? Kommunizierst du dieses Alleinstellungsmerkmal eindeutig? Hast du klar erkannt, dass all deine Konkurrenten diese Schwäche haben?

Das findest du mit einer Marktanalyse heraus, indem du den Markt analysierst und ein Bild von den Ängsten und Wünschen von Manfred gewinnst.

Ein guter Marketer würde jetzt das Attribut „Termingerechte Fertigstellung" als dein Alleinstellungsmerkmal nehmen und Manfred direkt auf deiner Webseite vor Augen führen.
Plötzlich bist du nicht mehr einer von vielen Handwerkern, die gute Qualität anbieten, sondern der eine Dachdecker, der termingerecht arbeitet.

Mit anderen Worten: Vorher hatte Manfred die Wahl zwischen dir und neun anderen Firmen. Jetzt hat Manfred die Wahl zwischen dir und niemandem sonst. Das ist Marketing!

In diesem Kapitel werden wir zuerst die grundlegenden Fragen klären, die du als Unternehmer beantworten solltest. Wahrscheinlich haben das nur wenige Betriebe getan. Die erfolgreichen Betriebe haben dies jedoch alle getan – bewusst oder instinktiv.

Danach beschäftigen wir uns mit der Marktanalyse. Dabei finden wir heraus, welches Potenzial du an deinem Standort hast, wie du dich am besten von der Masse abhebst und das anbietest, was potenzielle Kunden wollen.

Genau diese potenziellen Kunden werden wir bei der Zielgruppendefinition genauer definieren. Wir überlegen uns, wer Manfred eigentlich ist.

Sobald wir wissen, wie dein Markt und deine gewünschten Kunden aussehen, müssen wir prüfen, ob du überhaupt das liefern kannst, was der Markt verlangt. Deshalb betrachten wir deine Stärken und Schwächen.

Wenn dies geklärt ist, mündet das Ganze in die sogenannte Positionierung. Durch diese Positionierung kannst du eine Marke aufbauen. Ich erkläre dir im Detail, welchen unglaublichen Mehrwert das für deinen Betrieb haben wird und warum du unter keinen Umständen auf eine Marke verzichten kannst.

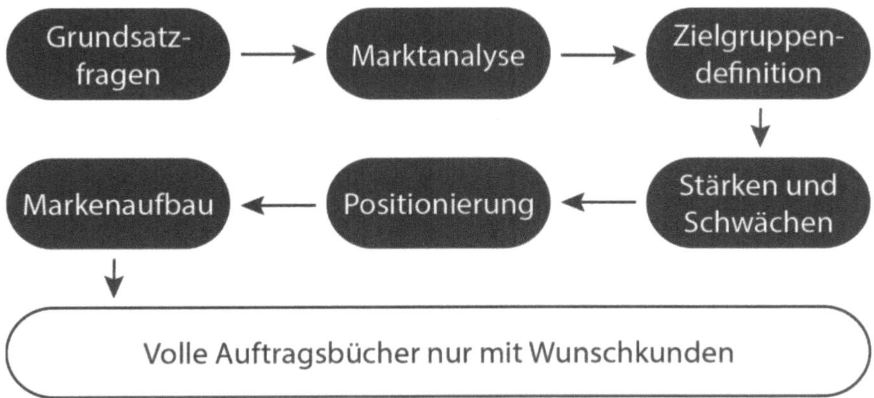

Warum ist das so wichtig?

Die meisten Selbstständigen sind dem Irrglauben verfallen, dass die Qualität einer Webseite vor allem vom Design abhängt. Das hatten wir schon. Das ist nicht korrekt! Die Qualität eines Daches oder Badezimmers hängt nicht von der Optik ab, sondern vom fachmännischen Aufbau.

Klar sieht es gut aus, wenn die Ziegel oder Fliesen optisch ansprechend sind, aber im Vordergrund steht, dass das Dach nicht beim nächsten Lüftchen wegfliegt oder der Nachbar in der Wohnung unter dir beim Duschen einen Regenschirm braucht.

Damit deine Webseite oder andere Marketingmaßnahmen die gewünschte Wirkung erzielen, MUSST du zunächst deinen Markt – also dich, deine Wettbewerber und deine „Manfreds" – wie deine Westentasche kennen. Ist das nicht klar?

Seltsam oder? Eben erzähle ich dir noch, dass es auf die Verkaufspsychologie ankommt und jetzt soll die Kenntnis über dein Markt das Wundermittel sein. Was stimmt denn nun? Es ist beides richtig.

Die Ergebnisse einer Marktanalyse sind der Rohstoff, den wir mit Hilfe der Verkaufspsychologie weiterverarbeiten.

Denn in der Verkaufspsychologie wollen wir erreichen, dass wir Manfred mitten ins Herz treffen. Du wirst den Webseitenbesucher nicht mitten ins Herz treffen, wenn du nicht weißt, wie du ihn berühren kannst. Du wirst dich auch nicht von deinen Konkurrenten abheben, wenn du sie nicht genau analysierst.

Es ist nicht schwer, ein Bild auf seine Webseite hochzuladen. Die Kunst besteht darin, das richtige Bild an der richtigen Stelle zu platzieren, sodass Manfred denkt: „Den will ich beauftragen! Den und keinen anderen!"

Wenn du weiterhin der Meinung bist, Marketing sei unwichtig oder du könntest Werbemaßnahmen (insbesondere eine Webseite) machen, ohne vorher Marketing betrieben zu haben, blättere nochmal zum Anfang dieses Kapitels zurück und lies es erneut. Wenn du das nicht für nötig hältst, ist es in Ordnung, aber wundere dich bitte nicht, warum deine selbst gebaute Webseite keine Kunden generiert.

Geschäftsmodell

Die erste Frage, die du dir im Marketing stellen solltest, ist die Frage nach deinem Geschäftsmodell. Natürlich: Ein Dachdecker deckt Dächer und ein Heizungsbauer baut Heizungen. Das ist klar, aber du musst die Thematik etwas tiefer betrachten.

Du wirst ganz andere Entscheidungen treffen und vollautomatisch deine Ansichten neu bewerten und interpretieren, wenn wir diese grundlegenden Fragen geklärt haben.

Als Beispiel möchte ich dir eine Geschichte erzählen, die mir vor einiger Zeit passiert ist. Ein Betrieb kam auf mich zu und wollte eine neue Webseite. Ich sprach mit dem Inhaber, ließ mir die Situation schildern und erfuhr, was angeboten wird.

Der Außenauftritt war phänomenal schlecht, denn es wurden Wasserschadensanierungen, Trockenbau und Pflege rund ums Haus angeboten – klassischer Hausmeisterservice, dachte ich.

Bei näherem Hinsehen war es jedoch eine Firma, die innerhalb eines Jahres nach der Gründung auf fünf Mitarbeiter gewachsen war und eigentlich nur einen Kunden hatte: den Vater der beiden Gründer.

Dieser Vater war nicht irgendein Kunde, sondern der Inhaber einer Hausverwaltung mit einem riesigen Portfolio an Wohneinheiten. Plötzlich machte das Angebot des Betriebs Sinn, denn das waren alles Arbeiten, die typischerweise von einem Hausverwalter benötigt werden.

Der Betrieb trat jedoch als ganz normaler Handwerksbetrieb auf, den man als Privatkunde buchen würde: keinerlei Alleinstellungsmerkmal oder Grund, diesen Betrieb zu beauftragen.

So versteckte sich hinter diesem Angebot eine All-in-One-Lösung für Hausverwaltungen. Durch diesen Außenauftritt konnten deutlich höhere Preise abgerufen werden, und die Werbemaßnahmen mussten in eine ganz andere Richtung gesteuert werden.

Zu dieser Erkenntnis kam der Betrieb, nachdem er eine halbe Stunde mit mir telefoniert hatte und wir sein Geschäftsmodell geklärt hatten. Der Betrieb macht immer noch genau das Gleiche, was er vorher machte. Es hat sich nur das Etikett geändert und es steht eine andere Zahl auf dem Preisschild – wie bei einer Zitrone.

Das Geschäftsmodell besteht aus neun Faktoren. In dem Arbeitsbuch, das zu diesem Buch gehört, findest du ein umfassendes Kapitel dazu sowie spezielle Fragen, die du dir hier stellen musst. Es

ind Grundsatzfragen!

Wir werden das Ganze anhand des vorhin genannten Beispiels durchgehen, damit es leichter verständlich ist.

Die erste Frage ist die Frage nach dem Kunden. Die Kunden waren keine Privatleute oder gewerblichen Kunden mehr, sondern plötzlich eindeutig definiert als Hausverwaltungen.

Manfred war nicht mehr der wohlhabende Selbstständige mit großem Haus oder der angestellte Industriemechaniker vom Dorf. Manfred war Hausverwalter und nichts anderes!

Die zweite Frage, die wir uns stellen, ist: Was bietest du tatsächlich an?

Der Betrieb hat früher verschiedene handwerkliche Arbeiten angeboten. Nun bietet er Hausverwaltungen einen stressfreien Arbeitsalltag. Manfred muss sich nicht mehr darum kümmern, ständig neue Handwerker zu kontaktieren, die Qualität zu prüfen oder sich mit Mängellisten auseinanderzusetzen.

Was dieser Betrieb plötzlich anbietet, ist die Lösung für Manfreds Kopfschmerzen – und das ist deutlich mehr wert als nur ein Handwerker, der eine Wand streichen kann.

Ferrari verkauft keine Autos, sie verkaufen das Gefühl, an der Ampel neidisch angeschaut zu werden – ein Statussymbol.

Apple verkauft keine Technologieprodukte, sie verkaufen ein Gefühl von Kreativität und Innovation.

Coca-Cola verkauft keine Limonade, sie verkaufen das Gefühl von Gemeinschaft und Freude.

Tesla verkauft keine Autos, sie verkaufen eine Vision von Nachhaltigkeit und Zukunft.

Red Bull verkauft keine Energydrinks, sie verkaufen das Gefühl von Abenteuer und Extremsport.

Was verkaufst du? Was ist der wahre Nutzen, den deine Kunden durch dein Handwerk haben?

Wenn wir diese Frage nicht klären, wirst du dich weiterhin im Preiskampf mit anderen Handwerkern befinden – bestenfalls mit solchen, die nur halb so gut arbeiten wie du, aber die gleichen Preise aufrufen können.

Genau dieser Nutzen steht im Mittelpunkt deiner Außenwahrnehmung. Um diesen Nutzen herum gestalten wir das Design und den Inhalt deiner Webseite.

Darauf folgt die Frage nach der Art und Weise, wie du diese Kunden erreichen kannst. Mit anderen Worten: Wie gelangt Manfred von der Couch in deine Auftragsbücher?

In dem obigen Beispiel wäre es unsinnig gewesen, Social Media Marketing zu verwenden. Viel wichtiger ist, dass die vorhandenen Hausverwaltungen in der Region durchtelefoniert werden und gegebenenfalls in Fachzeitschriften Werbeanzeigen geschaltet werden. Und was machen die Kunden als Erstes, wenn sie so einen Artikel sehen? Richtig. Sie gehen auf: www.betrieb-xy.de.

Der nächste Punkt, den viele Handwerker außer Acht lassen, ist die Kundenbeziehung. Viele interpretieren das einfach als:

„Der Kunde kommt, es wird gearbeitet, und der Kunde geht."

Wenn du jedoch langfristig ein funktionierendes Geschäft aufbauen möchtest, gehört mehr dazu. Es muss nichts Großes oder Weltbewegendes sein. Eine Karte an Weihnachten oder eine kleine Aufmerksamkeit zum Geburtstag. Ein Anruf einige Monate nach der Fertigstellung, um zu fragen, ob alles in Ordnung ist oder ob etwas zu beanstanden gibt, kann viel bewirken. Das sind klare Richtlinien, wie du mit jedem Kunden systematisch umgehen kannst. Im Fachjargon spricht man von Customer Relationship Management und mentaler Verfügbarkeit.

Das gesamte Spektrum, das ich gerade erläutert habe, stellt deine Einnahmequellen dar. Das bedeutet, du weißt ganz genau, wer dir Geld gibt, woher diese Menschen kommen, wie du mit ihnen in Verbindung stehst und warum sie zu dir kommen.

Hier kannst du es natürlich weiterdenken und dir überlegen, was diese Leute darüber hinaus noch brauchen oder wie du noch mehr solcher Kunden finden und deine Einnahmequellen erhöhen kannst.

Auf der anderen Seite steht deine Kostenstruktur.

Als Unternehmer solltest du genau wissen, wie deine Kosten zusammengesetzt sind und wie hoch sie sind. In dem Moment, in dem deine Kosten nicht mehr abstrakte Beträge sind, die von deinem Konto abgehen, sondern Teil einer klaren Struktur, kannst du dir auch überlegen, wie du diese Kosten senken kannst.

Möglicherweise kannst du sogar unnötige Kosten identifizieren und entscheiden, an welcher Stelle es sinnvoll ist, mehr Geld auszugeben, um am Ende einen höheren Wert für dein Unternehmen zu schaffen.

Eine weitere wichtige Frage, die du dir im Rahmen deines Geschäftsmodells stellen solltest, ist, wer deine wichtigsten und entscheidenden Partner sind.

Dies können einerseits Versicherungen oder Architekten sein, die einen wesentlichen Teil deines Umsatzes ausmachen

– beispielsweise die Hausverwaltungen. Andererseits gehören natürlich auch deine Baustofflieferanten dazu.

Wir reden hier von Partnern, die einen erheblichen Einfluss auf deinen Geschäftserfolg haben. Du solltest es dir mit diesen Personen nicht verscherzen und die Geschäftsbeziehungen besonders sorgfältig analysieren.

Hier darf nichts schiefgehen!

Der nächste Schritt sind deine wichtigsten Aktivitäten. Damit sind Aktivitäten gemeint, die maßgeblich zum Erfolg deines Unternehmens beitragen.

In diesem Beispiel ist das die Kommunikation mit den Hausverwaltungen. Der größte Mehrwert für die Hausverwaltungen besteht darin, dass sie keine Kopfschmerzen haben. Wenn die Kommunikation zwischen deinem Betrieb und den Hausverwaltungen jedoch so schlecht ist, dass die Hausverwaltungen ebenso viel Stress haben, wie wenn sie jedes Mal einen neuen Handwerker beauftragen würden, ist der Mehrwert nicht gegeben. Es ist daher wichtig, dass diese Schlüsselaktivität der Kommunikation hervorragend funktioniert.

Der letzte Punkt ist deine Ressourcen. Du verfügst über Werkzeuge, Mitarbeiter, Geld und Wissen. All dies sind Ressourcen, die in deinem Betrieb vorhanden sind.

Es gibt Mitarbeiter, die leicht ersetzt werden können, und es gibt solche, die eine Schlüsselrolle einnehmen und den Betrieb am Laufen halten.

Diese wichtigsten Ressourcen müssen gepflegt werden.

In diesem Beispiel bedeutet das, die Abläufe von Hausverwaltungen zu kennen und die auftretenden Probleme sowie deren Lösungen zu verstehen. Ein Standard-Handwerker hat dieses Know-how nicht. Es ist daher entscheidend, dass dieses Wissen kontinuierlich auf dem neusten Stand bleibt und gut gepflegt wird.

Erst wenn all diese Überlegungen durchdacht sind, sind wir in der Lage, tiefer ins Detail zu gehen und genau zu überlegen, welche Personen wir ansprechen möchten und wie du dich von deinen Konkurrenten abheben kannst.

Klingt das für dich vertraut? Konkurrenz und Kunden – kommt dir das bekannt vor? Konkurrenten bieten dasselbe Angebot wie du an, und Kunden haben eine Nachfrage danach. Gemeinsam stellt ihr einen Markt dar, den wir analysieren müssen, bevor die Gelddruckmaschine in Gang gesetzt wird.

Das könnten wir zwar auch jetzt schon machen, aber wir wollen ja Euros drucken und nicht aus Versehen Yen oder Spielgeld, oder?

Marktanalyse

Lass uns noch einmal die Grundlagen klären: Der Markt besteht aus Angebot (Handwerker) und Nachfrage (Kunden) bzw. deren Aufeinandertreffen.

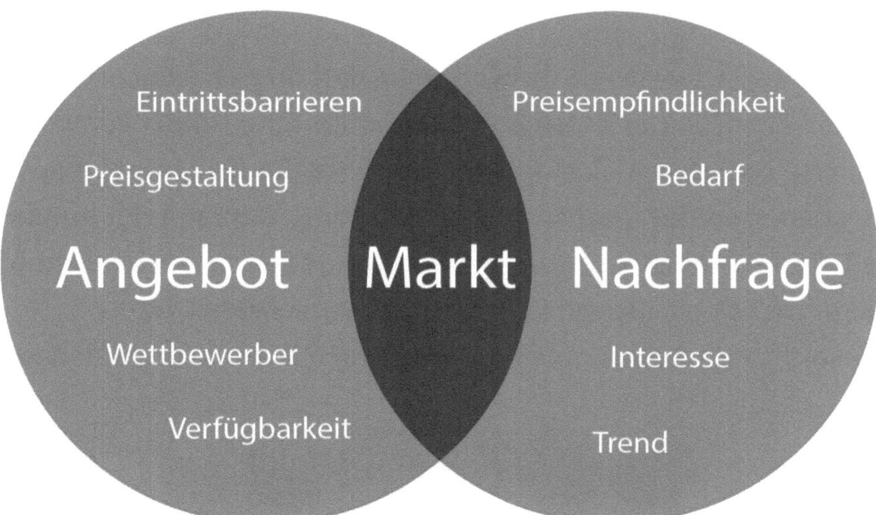

Das bedeutet konkret: Es ist ein Wettbewerb. Wer gewinnt die besten Kunden? Wer fährt die höchsten Gewinne ein? Wer muss sich mit den Resten begnügen? Der Wettbewerb ist intensiv, und wenn du als Gewinner hervorstechen möchtest, müssen wir klären, mit wem du es zu tun hast. Gegen wen trittst du an? Um wen kämpft ihr und wie gestaltet sich dieser Kampf?

Lass uns das Thema strukturiert angehen. Versetze dich in die Rolle von Manfred.

Da ist zunächst der traurige, ratlose Manfred mit einem Bedürfnis. Er sieht fünf verschiedene Handwerker, die für ihn alle gleich erscheinen. Am Ende wählt er einfach einen aus.

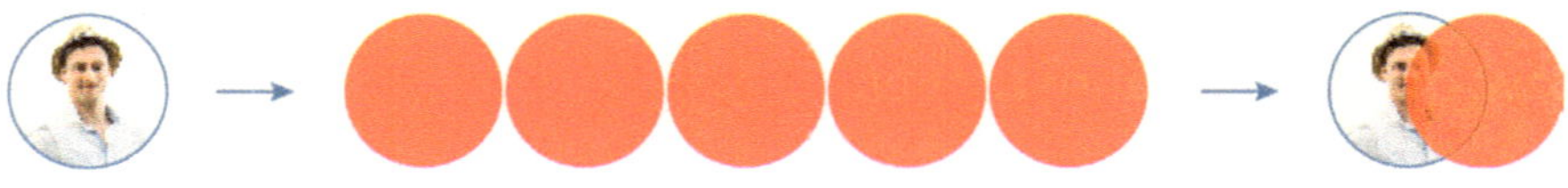

Übrigens der zweite von rechts bist du. Hast du dich nicht erkannt? Wieso nicht? Du und deine Konkurrenten sehen doch komplett unterschiedlich aus – kleiner Witz! Du musst aus der Masse herausstechen. Und das machst du mit Marketing. Während der Kunde auf die fünf Anbieter schaut, sticht derjenige hervor, der Marketing gemacht hat – in diesem Fall du mit deinem blauen Outfit!
Vielleicht stehst du sogar durch Werbung auf einem Stuhl, sodass

der erste Blick direkt auf dich fällt. Doch manchmal ist die Sicht der Kunden etwas eingeschränkt. Deshalb musst du ihnen eine „Brille" aufsetzen.

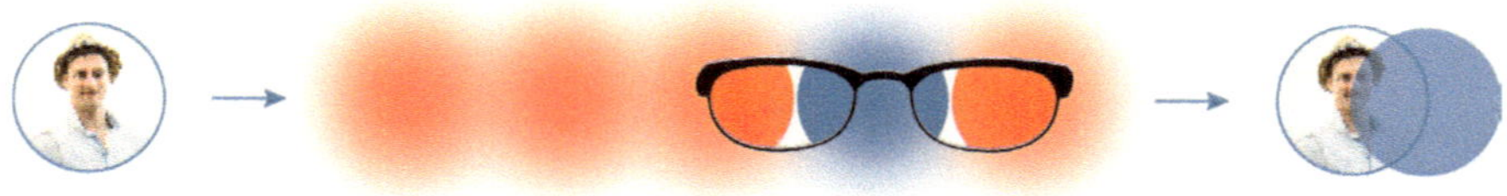

Das bedeutet: Verkaufspsychologie. Du kannst das tollste Outfit der Welt tragen, das sich von dem deiner Konkurrenten abhebt, aber wenn der „Blindfisch" ohne Brille nichts sieht, wird er die richtige Wahl nicht treffen. Er wird wild mit den Händen in der Luft fuchteln, bis er letztlich irgendwen berührt – und das muss nicht zwangsläufig der sein, der dich bestens repräsentiert.

Du fragst dich gerade, was es dir bringt, das Thema auf diese Weise zu erklären? Ganz einfach: Weißt du, ob dein Manfred überhaupt mit Fragezeichen über dem Kopf dasteht? Weißt du, ob er in die Richtung schaut, in der du stehst? Kennst du die Farben deiner Konkurrenten, damit du dich abheben kannst? Bietest du ihm die richtige „Brille" an? Vielleicht braucht er eine spezielle Art von Sichthilfe, um den richtigen Handwerker zu finden.

Marketing in der Realität ist komplizierter als rote und blaue Outfits. Die Antworten auf deine Fragen findest du durch eine gründliche Marktanalyse – indem du deine Kunden, Konkurrenten und den Wettbewerb beleuchtest. Wir analysieren deine potenziellen Kunden, um herauszufinden, welche Bedürfnisse und Probleme sie haben – was ihre Träume, Wünsche, Ängste und Sorgen sind.

Wir schauen uns an, gegen wen du im Wettbewerb um Manfred antrittst. Wer sind deine Konkurrenten? Welche Stärken haben sie, vor denen du dich in Acht nehmen solltest, und welche Schwächen kannst du zu deinem Vorteil nutzen?

Außerdem analysieren wir den Wettbewerb: Wer hat Einfluss auf dich, in welchem Maß und wie kannst du dich am besten unabhängig und unbeeinflussbar machen?

Lass mich dir das an einem klassischen Beispiel verdeutlichen: Angenommen, du bist Fliesenleger. Ständig kommen Kunden zu dir, um Angebote einzuholen. Am Ende gewinnt meistens der, der das günstigste Angebot abgibt, und in deiner Region gibt es viele Fliesenleger. Wie kannst du aus dieser Falle entkommen? Denn als Fliesenleger weißt du genauso gut wie ich, dass die Margen im Fliesenlegergeschäft eher gering sind.

Ein häufiges Problem für deine Kunden ist, dass sie für ihr neues Badezimmer diverse Handwerker kontaktieren müssen: Elektriker, Heizungsbauer, Fliesenleger und je nach Bedarf auch einen Dachdecker, um ein neues Dachfenster einzubauen. Dadurch entsteht oft das Problem der Koordination: Wer hat Lust auf ständige Wartezeiten? Du kannst erst nach vier Wochen die Fliesen legen, weil der Heizungsbauer spät fertig ist, und der Elektriker erst drei Monate später die Steckdosen montiert.

Wenn dein Kunde einen Heizungsbauer beauftragt, der Mängel verursacht, sitzt du anschließend in der Zwickmühle. Du musst Lösungen finden, während die Rohre in der falschen Höhe positioniert sind.

Wäre es nicht viel einfacher, Komplettbäder anzubieten? Der Kunde hätte einen einzigen Ansprechpartner. Er müsste nicht unzählige Gewerke koordinieren, obwohl er selbst keine Ahnung von der Baustelle hat. Keine Wartezeiten mehr zwischen den verschiedenen Handwerkern. Und das Einzige, was du benötigen würdest, sind ein paar Schlüsselpartner, die dir Unterstützung leisten.

Durch diesen Mehrwert bist du in der Lage, deine Preise zu erhöhen! Wenn du es clever angehst, wirst du der einzige Betrieb in deiner Region sein, der Komplettbäder anbietet. Dies erreichst du jedoch nur durch eine fundierte Marktanalyse. Du musst verstehen, dass Kunden in deiner Region, die nach kompletten Bädern suchen, eine stressige Zeit erleben.

Diese Erkenntnis wird sich herumsprechen. Es wird bekannt werden, dass die Leistungen des Heizungsbauers zwar ok sind, aber im Rahmen eines Komplettbades nicht ausreichen. Das führt später zu Problemen beim Fliesenleger und mindert die Qualität des Endergebnisses.

Durch diese gezielte Marktanalyse wirst du vom Fliesenleger, der auf Aufträge wartet, zum einzigen Betrieb, der Komplettbäder anbietet und in der Lage ist, Manfred glücklich zu machen. Ist Marketing immer noch nur etwas für Konzerne und Zeitverschwendung?

Zielgruppendefinition

Die Definition deiner Zielgruppe ist einer der wichtigsten Schritte, die du als Handwerksbetrieb unternehmen kannst. Sie ist der Schlüssel, um dein Handwerk gezielt anzubieten, im Wettbewerb erfolgreich zu bestehen und dir einen Vorteil zu verschaffen. Ohne eine klare Vorstellung davon, wer Manfred ist, wird es schwierig, eine effektive Marketingstrategie zu entwickeln.

Eine Zielgruppe ist zunächst nichts anderes als eine Gruppe von Menschen, die etwas miteinander gemein haben. Eine homogene Gruppe.

Je nachdem, für welche Kunden du arbeitest, wirst du dich vielleicht fragen, ob ich den Verstand verloren habe. Jeder braucht ein Dach – wie soll man da eine Zielgruppe definieren, oder? Das ist jedoch nicht so einfach. Im Beispiel zuvor war deine Zielgruppe klar definiert: Menschen, die ein komplett neues Bad benötigen.

Vielleicht arbeitest du für Versicherungen oder Architekten. Vielleicht suchst du finanziell potente Kunden oder möchtest lieber als Low-Budget-Handwerker auftreten. Vielleicht bist du Spezialist für die Dächer von Landwirten oder für die Sanitärbereiche von Thermalbädern.

Je nach Zielgruppe ändert sich auch die Art und Weise, wie

du in deinem Marketing kommunizierst und in Erscheinung trittst. Das betrifft das Design deiner Webseite, die Schriftart, die Farbwahl, die Sprache deiner Texte und die Marketingkanäle, die du wählst.

Ein Elternabend im Kindergarten wird selten mit einem Flyer in altdeutscher Schrift, schwarz und mit Totenköpfen beworben: „Wir bringen die Windeln zum Brennen." Eine Rockerkneipe hingegen hat selten schnörkelige Kursivschrift mit rosa Hintergrund und Balletttänzerinnen auf der Webseite.

Ohne eine klare Vorstellung von deiner Zielgruppe wird es kaum möglich sein, eine ansprechende Webseite zu gestalten. Eine präzise Zielgruppendefinition ermöglicht es dir, die Bedürfnisse und Wünsche deiner potenziellen Kunden besser zu verstehen. Es geht um den einen Satz oder das eine Bild, das genau das trifft, was diese Menschen sehen oder lesen möchten, wenn sie einen Handwerker suchen – ein Impuls, der sie mitten ins Herz trifft.

Wir starten mit einer gründlichen Analyse deiner bisherigen Kunden. Welche Kunden haben dir die meisten Aufträge eingebracht? Bei welchen Kunden lief es besonders gut? Wo hast du richtig Geld verdient? Wovor hatten sie Angst? Was war ihnen wichtig? Worüber haben sie sich beschwert? Was haben sie erwartet?

Wir identifizieren die spezifischen Bedürfnisse und Probleme deiner Zielgruppe. Was sind ihre größten Herausforderungen im Umgang mit Handwerkern? Ist es die Qualität der Arbeit, die Verfügbarkeit, die Preisgestaltung oder vielleicht der Kundenservice? Wenn du die Schmerzpunkte deiner Kunden erkennst, kannst du Lösungen anbieten, die sie tatsächlich ansprechen.

Die Hausverwaltung aus dem vorherigen Beispiel möchte einen Ansprechpartner, um sich entspannt zurücklehnen zu können.

Der Premium-Kunde interessiert sich nicht für Preisnachlässe, er will perfekte Arbeit und der einzige Star im Sonnensystem sein.

Der Projektentwickler erwartet einen professionellen Bauablauf.

Opa Manfred aus der Nachbarschaft freut sich über einen gemütlichen Bierabend.

Manfred, der nach einem Komplettbad sucht, hat keine Lust auf lange Wartezeiten und Koordinationsschwierigkeiten.

Und weißt du, warum so viele Handwerker oft mit ihren Kunden in Konflikt geraten? Weil sie keine Zielgruppe definiert haben. Es gibt meistens bestimmte Kundentypen, die nach der Zusammenarbeit super zufrieden sind, und andere, die unzufrieden bleiben.

Das ist keine Überraschung, denn ein Architekt hat ganz andere Erwartungen als ein Arzt, und dieser wiederum hat andere Ansprüche als ein Supermarktkassierer. Und natürlich spielt es auch eine Rolle, welche Stärken und Schwächen du mitbringst.

Es ist wichtig zu verstehen, dass du durch deine Außendarstellung bestimmte Kunden von dir fernhalten und andere attraktiv anziehen kannst. Zudem handelt es sich hierbei nicht um eine einmalige Aufgabe, sondern die Zielgruppe kann sich jederzeit ändern.

Was denkst du, was nach der Zinswende bei Projektentwicklern los war? Es gab eine erhebliche Verschiebung in deren Geschäftsmodell.

Darauf musst du reagieren und passende Lösungen anbieten – aber nur, wenn du die Probleme einer spezifischen Zielgruppe lösen kannst. Denn du kannst nicht die ganze Welt retten.

Stärken und Schwächen

Die Stärken und Schwächen eines Unternehmens beziehen sich nicht nur auf das Marketing, sind aber entscheidend dafür, was du im Rahmen deiner Marketingstrategie – besonders auf deiner Webseite – zur Schau stellst.

Es liegt auf der Hand, dass du gut in deinem Handwerk bist. Aber es gibt sicher einen Bereich, in dem du besser bist als deine Wettbewerber. Wenn wir diese Stärke klar definieren, hast du ein Alleinstellungsmerkmal, das dich deutlich von der Masse abhebt. Dann bist du nicht mehr nur einer von vielen Handwerkern, sondern der einzige, der in dieser Nische glänzen kann. Auf diese Weise kannst du dich gezielt am Markt positionieren und die richtigen Kunden ansprechen.

Deine Stärken sollten etwas sein, was andere Betriebe nicht haben und nicht so schnell kopieren können. Viele Handwerker machen den Fehler, ihr Handwerk zu praktizieren, ohne ihre Stärken geeignet auszuspielen.

Ich kenne jemanden, der eine Kfz-Werkstatt betreibt – ein Handwerker der alten Schule, der viele Jahre bei einem renommierten Tuner gearbeitet hat. Seine klare Stärke ist das alte Know-how und Insider-Wissen, das lange nicht an die Öffentlichkeit gelangte. Gleichzeitig ist seine Schwäche der Umgang mit neuen Fahrzeugmodellen. Würde er sich auf die Zielgruppe „Besitzer von Fahrzeugen dieses speziellen Tuners" konzentrieren, könnte er den dreifachen Stundensatz verlangen und hätte kaum Konkurrenz.

Das würde auch seine Marketingstrategie beeinflussen: Werbung in speziellen Facebook-Gruppen, Anzeigen in Oldtimer-Zeitschriften und die Teilnahme an Treffen der Fahrzeug-Liebhaber. Stattdessen agiert er als normale freie Werkstatt. Das Ergebnis? Oftmals kann er nicht die Anzahl an Stunden abrechnen, die er wirklich geleistet hat, und der Stundensatz bleibt im Durchschnitt. Viele Kunden sind unzufrieden, weil sie eine andere Erwartungshaltung an eine Kfz-Werkstatt haben.

Das ist ein klassischer Marketing-Fehler!

Es ist ein Zusammenspiel aus falscher Zielgruppendefinition und einem misslungenen Geschäftsmodell, das die eigenen Stärken und Schwächen ignoriert. Und wer ist dann am Ende schuld an „nervigen Kunden" und dem niedrigen Kontostand? Natürlich die Kunden, Banken, Mitarbeiter – aber niemals der Handwerker selbst.

Stärken müssen nicht immer das handwerkliche Know-how sein. Es kann die Anzahl der Mitarbeiter sein, die für Großprojekte nötig sind. Es kann die finanzielle Ressourcen sein, um Projekte vorzufinanzieren oder spezifische Werkzeuge, die dir einen Vorteil verschaffen.

Fakt ist: Jeder Betrieb hat seine Stärken. Wir müssen herausfinden, wo deine liegen.

Es ist wichtig, dass du dir deiner Stärken und Schwächen bewusst wirst. Nutze deine Stärken zu deinem exklusiven Vorteil und gehe Situationen aus dem Weg, in denen deine Schwächen zum Tragen kommen – oder eliminiere sie sinnvoll.

Positionierung

Wir haben im Bereich Marketing einen essenziellen Punkt erreicht: Du solltest jetzt ein grundlegendes Verständnis dafür haben, was Marketing ist und welche Faktoren dein Geschäftsmodell beeinflussen. Wir haben deinen Markt analysiert, deine Zielgruppe definiert und kennen nun deine Stärken und Schwächen. Daraus ergeben sich logischerweise auch Chancen und Risiken für deinen Betrieb.

Jetzt sind wir jedoch bereit, das richtige Werkzeug zu nutzen, um eine klare Positionierung für dich zu gestalten. Positionierung bedeutet nichts anderes, als dass du dich gegenüber einer bestimmten Zielgruppe am Markt darstellst und dich von deinen Konkurrenten abhebst. Mit anderen Worten: Es ist dein Alleinstellungsmerkmal.

Um das für dich greifbarer zu machen, lass uns einige Beispiele betrachten.

Unklare Positionierung:
- Heinrich Schmidt – Dachdeckerei
- Heinrich Schmidt – Innenausstattung
- Heinrich Schmidt – Elektroinstallation

Klare Positionierung:
- Heinrich Schmidt – Ihr Fachbetrieb für qualitativ hochwertige Dachdeckerarbeiten mit 20 Jahren Erfahrung.

- Heinrich Schmidt – Ihr persönlicher Innenausstatter für individuelle und kreative Raumgestaltungen.
- Heinrich Schmidt – Zertifizierter Elektriker für energieeffiziente Lösungen. Wir helfen Ihnen, Ihre Energiekosten zu senken!

Analyse des Dachdeckers – Der Qualitätssieger

Stell dir vor, Manfred sucht nach einem Dachdecker. Wenn er „Heinrich Schmidt – Dachdeckerei" findet, stehen ihm diverse andere Wettbewerber gegenüber. In „Heinrich Schmidt - Ihr Fachbetrieb für qualitativ hochwertige Dachdeckerarbeiten mit 20 Jahren Erfahrung" steckt jedoch weit mehr, als auf den ersten Blick erkennbar ist.

Begriffe wie „Fachbetrieb", „qualitativ hochwertig" und „20 Jahre Erfahrung" schaffen Vertrauen und stärken die Wahrnehmung als Experten. Hier stellt sich nicht mehr die Frage, ob dieser Betrieb fehlerfrei arbeiten kann. Zudem gibt es in der Region möglicherweise nicht viele Dachdecker mit so viel Erfahrung – das kann durch eine Marktanalyse belegt werden.

Von wem würdest du dich eher operieren lassen: von einem 35-jährigen Arzt oder einem 60-jährigen Oberarzt? Diese Frage stellt sich für Manfred nicht mehr. Außerdem wird hier klar eine Zielgruppe definiert: Hochwertig impliziert einen höheren Preis. Wenn Manfred ein Pfennigfuchser ist, wird er automatisch nicht bei dieser Firma anrufen, da er den günstigsten Preis sucht. Erwarten Kunden jedoch Qualität und spielt der Preis nur eine untergeordnete Rolle, hat Heinrich Schmidt bereits einen entscheidenden Vorteil.

Vielleicht ist das Unternehmen nicht die schnellste Firma der Welt (Schwäche), aber die Qualität ist auf höchstem Niveau. Hier kommen Know-how und Mitarbeiter ins Spiel, die es bei anderen Firmen nicht gibt. Wie sagt man so schön: Gut Ding will Weile haben. Den Kunden interessiert nicht, ob es einige Tage länger dauert; er möchte einfach nur das beste Dach!

Analyse des Innenausstatters – Der Kundenorientierte

Nun sucht Manfred einen Innenausstatter, um seinen Wohnbereich neu zu gestalten. Dies können im Prinzip viele Firmen. Es fällt Manfred schwer, die beste Entscheidung zu treffen. Er hat von Bekannten gehört, dass bestimmte Firmen nicht auf die Bedürfnisse ihrer Kunden eingegangen sind und mit dem Endergebnis unzufrieden waren. Gleichzeitig weiß Manfred, dass er keinen 0815-Wohnbereich möchte, sondern jemanden, der ihm eine Gestaltung bietet, die an die holländische Bauweise erinnert, da er dort gerne Urlaub macht.

„Ihr persönlicher Innenausstatter für individuelle und kreative Raumgestaltung" – in dieser Aussage steckt viel Kundenorientierung. Diese Firma signalisiert Manfred, dass sie jede Gestaltungsidee umsetzen und eindeutig auf seine Wünsche eingehen wird.

Sind damit höhere Preise verbunden? Klar, und das ist Manfred bewusst. Aber ihm ist der Preis egal. Er will sich im fertiggestellten Wohnbereich wie im Urlaub fühlen und ist nicht bereit, für 5 Euro zu sparen.

Analyse des Elektrikers – Der Problemlöser

Heute hat Manfred seine Gasabrechnung erhalten und ist von der Höhe des Preises genervt. Also sucht er nach Möglichkeiten, seine Energiekosten zu senken. Allein die Bezeichnung „Energiekostensenkung" führt dazu, dass Heinrich Schmidt im Gegensatz zu anderen Elektrikern als mögliche Lösung gefunden wird.

Vielleicht weiß Manfred gar nicht, dass Elektriker Energiekosten senken können. Das Wichtigste ist, dass sich Heinrich Schmidt klar als Problemlöser präsentiert. Er ist kein Standard-Elektriker; er ist die Lösung für Menschen, die hohe Energiekosten haben. Und das Beste: Er ist zertifiziert! Damit entsteht sofort Vertrauen. Andere Elektriker ohne dieses Zertifikat erleiden einen Vertrauensnachteil. Vielleicht ist Heinrich Schmidt sogar der einzige zertifizierte Elektriker in seiner Region.

Es mag zwar eine Reihe anderer Elektriker geben, die handwerklich gleichwertig sind. Aber durch seine klare Positionierung als Energiekostensenker ist Heinrich Schmidt die Anlaufstelle Nummer eins für Manfred. Manfred denkt gar nicht daran, nach anderen Elektrikern zu suchen.

Heinrich Schmidt könnte auch als Dachdecker identisch positioniert werden: „Heinrich Schmidt – Zertifizierter Dachdecker für energieeffiziente Lösungen. Wir helfen Ihnen, Ihre

Energiekosten zu senken!"

Du siehst also, dass du durch eine gezielte Positionierung Wettbewerbsvorteile erlangst. Bestimmte Kunden werden angezogen, während andere von dir weggedrängt werden. Die Vorteile einer klaren Positionierung sind weitreichend. Das soll für den Moment genügen.

Der Speisekarten-Fehler

Der größte Fehler, den Handwerker machen, ist die Annahme, dass die Vielzahl angebotener Leistungen auch den Umsatz steigert. Das ist ein weit verbreiteter Irrglaube, den ich den „Speisekarten-Fehler" nenne.

Stell dir vor, du läufst durch eine Fußgängerzone in einer Stadt, in der du noch nie warst und hast Lust auf ein saftiges Steak. Du siehst einen Dönerladen links und ein Steakhouse rechts. Wo denkst du, wirst du das beste Steak bekommen? Die Antwort ist klar.

Du gehst also ins Steakhouse und bestellst dir ein Steak. Jetzt schaust du dir die Speisekarten an: Der Dönerladen hat auch ein Steak im Angebot. Was glaubst du, wo bekommst du das bessere Steak? Höchstwahrscheinlich im Steakhouse, auch wenn das Steak dort teurer ist.

Angenommen, der Dönerladen gilt in Insiderkreisen für sein

hervorragendes Steak, während das Steakhouse für Mittelmäßigkeit bekannt ist. Die Zahl der Menschen, die im Dönerladen für das Steak begeistert werden, ist sehr gering im Vergleich zu den Menschen, die ins Steakhouse gehen, wenn sie ein gutes Steak suchen.

Das ist der Speisekarten-Fehler.

Wenn du in einen Dönerladen kommst, siehst du eine Speisekarte mit türkischem Essen, Pizza, Pasta, Schnitzel und Salaten. Auch indisches Essen und Spezialitäten aus Kroatien werden angeboten.

Kein Betrieb macht den dreifachen Umsatz, nur weil er drei Gewerke anbietet.

Im Gegenteil: Wenn ich die Karte eines solchen Dönerladens sehe, denke ich mir: Sie bieten zwar alles an, aber nichts wirklich gut. Nur Insider wissen, dass es hier eine oder zwei hervorragende Gerichte gibt.

Der Käuferblick

Als Außenstehender weiß ich das aber nicht. Wenn du als Handwerker drei Gewerke anbietest, denke ich nicht, dass du in allen drei Bereichen ein Experte bist. Ich nehme an, dass du zwar alles irgendwie kannst, aber nichts wirklich gut.
Diese Betriebe versuchen, drei Zielgruppen anzusprechen, um ihren Umsatz zu maximieren – in der Realität erzielen sie jedoch deutlich weniger Umsatz als bei einer Spezialisierung auf ein Gewerk.

Das bedeutet jedoch nicht, dass ein Fliesenleger nur Fliesen legen darf. Er kann auch „nebenbei" leichte Putzarbeiten anbieten. Aber das kommuniziert er nicht in seiner Außenwahrnehmung, sondern erst, wenn er auf der Baustelle mit Manfred spricht.

In erster Linie kommt Manfred zu ihm, weil er sein Bad neu gefliest haben möchte. Und vielleicht hat Manfred das Problem, dass sein Bad auch verputzt werden muss. Dann kann der Fliesenleger vorschlagen: „Soll ich dir die Wände gleich mit verputzen?" So steigert man den Umsatz, statt sich in der Außendarstellung als Fliesenleger und Verputzer zu positionieren.

Wenn ein Fliesenleger sich in der Außendarstellung nicht nur als Fliesenleger präsentieren möchte, sondern alle Arbeiten, die in einem Bad anfallen, übernimmt, positioniert er sich nicht als „Heinrich Schmidt – Fliesenleger, Elektriker, Heizungsbauer, Trockenbauer, Verputzer", sondern als „Heinrich Schmidt – Komplettbäder".

Damit signalisiert er, dass er der Experte ist, der ein Bad aus einer Hand baut.

So hat Manfred nicht die Herausforderung, fünf Handwerksbetriebe gleichzeitig zu koordinieren; vielmehr wird hier die Lösung für sein Problem angeboten, statt Expertise in verschiedenen Gewerken darzustellen.

Ich hoffe, ich konnte dir verständlich machen, wie wichtig eine klare Positionierung ist und welche Vorteile sie dir bietet.

Um dich erfolgreich positionieren zu können, musst du dir über deine Stärken und Schwächen bewusst werden, das allgemeine Marktumfeld analysieren und die Zielgruppe definieren, die du ansprechen möchtest. Erst wenn du diese Erkenntnisse gewonnen hast, kannst du dir Gedanken über die geeigneten Marketingkanäle machen. Und bevor du damit beginnst, musst du deine Positionierung noch mit einem Preisschild versehen, das zu deiner Positionierung passt.

Preis-Strategie

Ist dir schon einmal aufgefallen, dass je mehr Geld du hast, desto höhere Ansprüche du auch an Produkte hast? Autos, Werkzeuge, Essen – alles muss einen bestimmten Preis haben. Du hast einfach den Anspruch, etwas Gutes zu bekommen, und niedrige Preise signalisieren dir: Das kann nicht gut sein.

Preise haben immer eine Signalwirkung!

Schreibst du dem Schrauber im Hinterhof für 15 Euro pro Stunde die gleiche Qualität zu wie der freien Werkstatt für 80 Euro pro Stunde? Schreibt man dieser freien Werkstatt die gleiche Qualität zu wie einer Vertragswerkstatt für 250 Euro pro Stunde?

Die Höhe des Preises signalisiert dem Kunden auch immer die Höhe der Qualität. Kunden, die nur nach dem billigsten Preis suchen, sind genau die Kunden, mit denen du am Ende nur Probleme haben wirst. Ein höherer Preis sortiert diese Kunden von vornherein aus. Denn diese Kunden benötigst du nicht – sie bringen dir nur Ärger und du kommst finanziell kaum über die Runden. Das führt zwangsläufig in einen Überlebensmodus.

Die Vorstellung, den Wettbewerb über den Preis gewinnen zu können, ist vollkommen unrealistisch. Du hast dadurch vielleicht mehr Kunden in deinen Auftragsbüchern als die anderen, aber es sind gängige Kunden und du kannst auf diese Weise kein Geld verdienen.

Was ist also die Konsequenz? Du musst noch mehr arbeiten!
Es ist klar, dass du nicht gleich zu Beginn die höchsten Preise verlangen kannst. Warum? Weil Manfred dir noch nicht vertraut. Er weiß nicht, ob du wirklich das Geld wert bist, das du verlangst.

Der Trick ist, eine Marke aufzubauen, die für Qualität steht. Bei dieser Marke wird niemand mehr die Frage stellen, ob du deinen Preis wert bist; dies wird als Fakt akzeptiert. Dazu kommen wir allerdings später.

Es ist wichtig, dass du verstehst, dass deine Preisstrategie und deine Positionierung im Einklang stehen müssen und sich gegenseitig beeinflussen.

Das bedeutet, viele Menschen werden durch deine Marketingkanäle auf dem Weg in deine Auftragsbücher kommen. Dein Preis wirkt in diesen Kanälen wie ein Magnet für eine bestimmte Zielgruppe und fungiert gleichzeitig als Filter für eine andere.

Marketingkanäle

Marketingkanäle – das klingt für dich vielleicht nach einem großen Wort, ist es aber nicht wirklich. Ein Marketingkanal ist lediglich die Verbindung zwischen dir und Manfred. Stell es dir wie ein U-Bahn-Netz vor. Manfred steigt irgendwo in einen Zug ein und kommt am Ende an der Station an, die du dir wünschst: Deinem Auftragsbuch.

Ich habe in diesem Kapitel bereits darauf hingewiesen, möchte es jedoch klarstellen:

Denkst du, im Beispiel mit der Hausverwaltung wäre es sinnvoll gewesen, 3000 Euro im Monat für eine Leuchtreklame an einer Hauptstraße auszugeben? Oder über Facebook Werbung zu schalten, die tausende Leute im Umkreis erreicht? Denkst du, es wäre sinnvoll gewesen, über Google Werbung zu schalten?

Was glaubst du, wie oft der Inhaber einer Hausverwaltung bei Google eingibt: „Ich suche einen Handwerksbetrieb, der dafür sorgt, dass ich nur noch ein Bruchteil der Telefonate führen muss und einen Bruchteil des Arbeitsaufwands habe?"
Das macht niemand. Es wäre also nicht korrekt zu behaupten, dass es den perfekten Marketingkanal gibt.

Es gibt keinen perfekten Marketingkanal!

Es gibt lediglich die richtige Herangehensweise, um den passenden Marketingkanal zu finden und aufzubauen. Das funktioniert jedoch erst, wenn du klar positioniert bist und genau weißt, wer deine Zielgruppe ist und wo du sie findest.

Marketingkanäle sind nichts anderes als Manfreds Weg von Punkt A nach B im eingangs genannten Beispiel. Es ist eine individuelle Entscheidung, was wir in deinem Fall als sinnvoll erachten.

Kannst du dich noch an dein Schaubild erinnern, das du dir aufgezeichnet hast? Das Schaubild, in dem du dir überlegst, wie Manfred in deine Auftragsbücher gelangt?

Stell dir vor, ich hätte diesem Betrieb erklärt, wie man über Facebook Werbung schaltet, oder ich hätte ein super schickes Plakat entworfen, um viele Leute auf die Webseite zu bringen.

Der Inhaber wäre wahrscheinlich schnell verwirrt gewesen, warum so viele Leute die Webseite besuchen, aber niemand anruft. Das Fazit wäre gewesen, dass die Webseite schlecht sein muss, da sie genügend Besucher hatte.

Denkst du, es hätte an der Webseite gelegen, oder an den falschen Marketingkanälen, die dazu führten, dass die falschen Personen die Webseite besuchten?

Andersherum wäre es genauso gewesen. Selbst wenn viele Personen der richtigen Zielgruppe (Inhaber von Hausverwaltungen) auf die alte Webseite gelangt wären, hätten sie möglicherweise nie gedacht, dass dieser Betrieb in der Lage ist, ihre Probleme zu lösen.

Es ist nicht nur die Webseite. Es sind auch nicht nur die Marketingkanäle. Es ist ein Zusammenspiel aus beiden Faktoren, das dazu führt, dass die Auftragsbücher voll werden – insbesondere mit den richtigen Kunden.

All dem liegt jedoch eine korrekte Positionierung zugrunde. Diese hat nicht nur Auswirkungen auf dein Marketing und insbesondere auf deine Webseite, sondern auch weitreichendere Folgen, die man vielleicht zunächst nicht mit Marketing oder einem Positionierungsproblem in Verbindung bringen würde.

Um dir einen kleinen Ausblick zu geben, möchte ich nun einen Blick auf Prozesse und Mitarbeitergewinnung werfen.

Ausblick auf Prozesse und Mitarbeitergewinnung

Wenn ich mit Handwerkern spreche, höre ich oft, dass Prozesse im Handwerk nicht möglich sind, da jede Baustelle anders ist und wir uns nicht im Maschinenbau befinden, wo man 1000-mal dasselbe Teil herstellt. Das ist bis zu einem gewissen Punkt korrekt, doch wir befinden uns hier in wesentlich tieferen Gewässern.

Wenn du ein Handwerksbetrieb bist, der viele verschiedene Arbeiten gleichzeitig anbietet, dann ist natürlich jeder Tag ein Abenteuer. Wahrscheinlich müssen deine Mitarbeiter Arbeiten erledigen, die sie nur alle paar Wochen oder Monate machen. Die Folge: Sie arbeiten langsam und die Qualität ist unzureichend. Werkzeuge und Material werden vergessen und es gibt viele Rücksprachen mit dir als Chef.

Nehmen wir das Beispiel von Komplettbädern. Du kannst Komplettbäder in verschiedene Teilbereiche unterteilen: Abriss, Trockenbau, Elektrik, Sanitärarbeiten, Fliesenverlegung, Putzarbeiten, Endmontage und Endreinigung.

Du kannst klar festlegen, was in jedem Bereich geschehen soll. Es ist definiert, was gegeben sein muss, damit der nächste Schritt beginnen kann. Mit einer eindeutigen Positionierung wird plötzlich die Anzahl der verschiedenen Arbeiten sehr gering und die Abläufe werden immer ähnlicher.

Nach der Unterteilung in verschiedene Teilbereiche wird eins klar: Welche Arbeiten kannst du überhaupt bewerkstelligen und welche nicht? Wenn du nur eine reine Baustelle siehst, ist klar, dass du sie einfach annimmst - irgendein „Allrounder" macht das schon. Wenn du einen Prozess siehst, erkennst du deine Schachstellen und Möglichkeiten. Der Kern des Problems liegt hierbei in der Perspektive.

Denke nicht ergebnisorientiert sondern prozessorientiert!

Wenn du ein Elektriker bist, hast du unterschiedliche Aufgaben in Privat- oder Gewerbeimmobilien sowie im Objektgeschäft.

Der Elektriker, der für die Energiekostensenkung von Privathaushalten zuständig ist, erledigt immer die identischen Arbeiten. Er baut immer die gleichen Komponenten ein, klärt immer die gleichen Fragen und schafft immer die gleichen Voraussetzungen.

Er muss immer die gleichen Prüfungen durchführen und weiß genau, was dieser spezielle Kundentyp erwartet und benötigt.

Was sind die Folgen? Deine Kundenzufriedenheit steigt, weil du genau weißt, wie du Manfreds Wünsche erfüllen kannst. Die Mitarbeiterzufriedenheit steigt, weil jeder Tag weniger abenteuerlich ist und sie nicht ständig von genervten Kunden angefeindet werden. Die Reklamationsquote sinkt und die Arbeit wird schneller erledigt. Du kannst also bei höheren Margen mehr Baustellen abwickeln.

Das sind alles Vorteile einer klaren Positionierung im Vergleich zu Betrieben, die glauben, dieselben Ziele mit dem Speisekarten-Fehler erreichen zu können. Korrigiere mich, wenn ich falsch liege, aber du weißt, dass ich Recht habe.

Weißt du jetzt, warum manche Inhaber nur schuften und trotzdem im Chaos versinken? Weißt du, warum der Gelddrucker morgens um zehn frühstücken geht und keine dieser Probleme hat?

Es geht hier um ein Positionierungs- bzw. Marketingproblem.

Denk darüber nach! Und wenn das nicht klappt, gibt es viele Techniken, mit denen wir deinen Herausforderungen bis in diese Tiefe auf den Grund gehen können, um sie zu lösen. Keine Sorge!

Dieses Problem zeigt sich ebenfalls im Bereich der Mitarbeitergewinnung. Wenn du ein Betrieb bist, der unterschiedliche Arbeiten anbietet und jeder Tag verschiedene Aufgaben mit sich bringt, dann führt dies in der Regel dazu, dass du sogenannte „Allrounder" suchst. Das mag in diesem Fall nötig sein, aber es ist auch nicht zielführend.

Du suchst jemanden, der innerhalb eines Monats alle ihm aufgetragenen Arbeiten erledigen kann.

Das macht allerdings wenig Sinn. Diese sogenannten Allrounder können wie ein Dönerladen eine Sache gut, aber die anderen Aufgaben beherrschen sie nur auf dem Niveau eines Heimwerkers.

Wenn du, wie im Beispiel der Komplettbäder, den Prozess in verschiedene Teilprozesse unterteilst, weißt du, dass du beispielsweise jemanden für den Trockenbau benötigst. Das muss kein Experte oder eine ausgebildete Fachkraft sein. Es muss lediglich jemand sein, der geometrisches Denkvermögen hat und körperlich in der Lage ist, eine Rigipsplatte in den zweiten Stock zu tragen.

Es ist viel einfacher, gezielt Mitarbeiter zu gewinnen, wenn du genau weißt, wonach du suchst.

Das vereinfacht auch die Mitarbeiterführung. Du musst dem Mitarbeiter, der jeden Tag für den Trockenbau zuständig ist, nicht mehr erklären, was er zu tun hat.

Trick 17: Dein Trockenbauer wird mit deinem Sanitärbeauftragten sprechen. Möglicherweise möchte er die Unterputzkästen etwas anders gesetzt haben, damit der Trockenbau hinterher einfacher wird.

Ebenso kann der Fliesenleger dem Trockenbauer mitteilen, dass der Trockenbau an der einen oder anderen Stelle anders ausgeführt werden sollte, damit das Fliesenlegen später leichter vonstattengeht.

Das nennt man „Service Level Agreement".

Solche Vorteile wirst du jedoch nie erlangen, wenn du keine klaren Strukturen und Prozesse hast. Und diese Strukturen und Prozesse sind nur mit einer eindeutigen Positionierung des gesamten Betriebs möglich.

Und weißt du, was das Geniale daran ist? Diese Gespräche finden exakt einmal statt! Deine innerbetrieblichen Abläufe verbessern sich kontinuierlich und werden fehlerfrei. Ein kontinuierlicher Verbesserungsprozess, der in der Perfektion endet. Schneller und besser als bei jedem deiner Wettbewerber.

Was denkst du, wie oft in diesem Fall noch dein Telefon über Tag klingeln wird?

Die wichtigsten Learnings

1   Kenne dein Marktumfeld

Du, deine Wettbewerber und deine Kunden stellen gemeinsam einen Markt dar. Um in diesem Markt erfolgreich sein zu können, musst du dieses Marktumfeld kennen.

Du wirst dich nur gegen deine Konkurrenten durchsetzen können, wenn du weißt, wie du besser sein kannst als sie und deinen Kunden das geben kannst, was diese bei deinen Konkurrenten vermissen

2   Kenne deine Stärken und Schwächen

Erst, wenn du deine Stärken und Schwächen exakt kennst, kannst du in deinem Marktumfeld eine Position einnehmen, die dich erfolgreich werden lässt und nicht zu Problemen führt.

Du wirst dich durch deine Stärken von deinen Konkurrenten abheben und deine Schwächen clever unwirksam machen.

Deine Positionierung ist das A und O

Um dich von deinen Konkurrenten abzuheben und die richtigen Kunden anzuziehen, bedarf es einer klaren Positionierung.

Außerdem lassen sich die meisten alltäglichen Probleme in Handwerksbetrieben im Kern auf ein Marketing- bzw. Positionierungsproblem problem zurückführen.

Vermeide den Speisekartenfehler

Je mehr man anbietet, desto mehr Kunden kommen auch. Auch wenn es verführerisch klingt – Das Gegenteil ist der Fall.

Je mehr du anbietest, desto weniger vertrauen dir potenzielle Kunden. Je weniger du anbietest, desto mehr wirst du als Experte wahrgenommen und zieht deutlich mehr (Wunsch-)Kunden an.

.:| attacke handwerk.

KAPITEL 5

AUFBAU EINER MARKE

Aufbau einer Marke

Stell dir vor, du schlägst das Telefonbuch auf, blätterst einfach auf irgendeine Seite und rufst bei einer beliebigen Person an – gleich bei fünf verschiedenen. Du sagst: „Hey, soll ich dir dein Bad sanieren?" Was denkst du, was passiert? Richtig. Die meisten drücken dich weg oder fragen, ob du noch alle Latten am Zaun hast. Sie haben keine Ahnung, wer du bist. Sie kennen dich nicht. Sie vertrauen dir nicht.

Jetzt wiederholst du das Vorgehen bei fünf Personen, die du kennst – deinen Freunden oder deiner Familie. Was passiert? Sie werden eher auflegen und nicht einfach ignorieren. Sie werden dir zuhören, dich fragen, wie du auf die Idee kommst. Sie kennen und vertrauen dich.

Und vielleicht wird sogar jemand, den du nicht kennst, bei dir anrufen und fragen, ob du ihr Bad sanieren kannst. Sie kennt dich. Sie vertraut dir. Sie weiß, dass du der richtige Ansprechpartner bist. Das ist der Effekt einer Marke.

Eine Marke ist nichts anderes als dein Ruf. Die Leute wissen, wofür du stehst und bei welchem Problem sie dich als Problemlöser kontaktieren können.

Was wäre, wenn dieses Vertrauen nicht nur bei Freunden

oder Bekannten entstehen könnte, sondern wenn es auch bei Menschen gelten würde, die du noch nie gesehen hast? Was wäre, wenn Manfred bei dir anruft und du ihn nicht mehr von dir überzeugen musst, weil er sich schon für dich entschieden hat? Was wäre, wenn er sich zehn Angebote einholt und dir beim Unterschreiben des Angebots erklärt, dass du der einzige bist, bei dem er ein gutes Gefühl hatte?

Klingt das nach Glücksspiel? Nein, das ist es nicht! Das ist einfach zu erreichen.

Die Lösung für diese Herausforderung liegt im Aufbau einer Marke.

Du bist ein exzellenter Handwerker. Du stehst jeden Morgen auf, um gemeinsam mit deinen Mitarbeitern dein Bestes zu geben. Du fährst auf die Baustellen, berätst die Kunden nach bestem Wissen und Gewissen und gibst dir große Mühe beim Erstellen von Angeboten. Das weißt du ganz genau. Aber wie schaffen wir es, dass jeder Mensch in deiner Region davon erfährt?

Es geht nicht darum, die nächste Coca-Cola zu werden. Es geht darum, als Handwerker eine Marke aufzubauen. Du hast vielleicht schon oft erlebt, dass du eine Person oder einen Laden siehst und direkt ein gutes oder schlechtes Gefühl bekommst, ohne das Gegenteil zu hinterfragen.

Dieser erste Eindruck, den du von Menschen und Marken hast, basiert auf deiner Wahrnehmung – und diese ist häufig nicht rein rational.

Das Unterbewusstsein filtert Informationen und hat ein eindeutiges System, nach dem wir Menschen beurteilen.

Es gibt Faktoren, die sich immer wieder wiederholen und das sind oft die gleichen Kriterien, die über die Beurteilung einer Marke entscheiden.

Der Aufbau einer Marke ist also ein Prozess, der Zeit und Mühe erfordert, aber er bringt dir auch einen Marktvorteil, den dir so schnell niemand mehr nehmen kann.

Außerdem wirst du in Zukunft viel weniger Mühe haben, Kunden zu gewinnen, denn selbst bevor Manfred anruft, vertraut er dir bereits und möchte unbedingt dich beauftragen. Deine Konkurrenten sind derweil damit beschäftigt, ihm zu erklären, dass sie keine Drogen nehmen und dass die Schlägerei ein Missverständnis war.

Beim Aufbau einer Marke kreieren wir also deinen Ruf und können steuern, welche Meinung Manfred über dich hat – und überlassen es nicht dem Zufall. Das erfolgt nicht nach Bauchgefühl, sondern folgt einem bestimmten, wissenschaftlichen Schema.

Deine Identität

Identität – ein Begriff, der oft in der Geschäftswelt fällt. Aber was steckt dahinter? Für dich als Handwerker bedeutet Identität, ein klares und einheitliches Bild deiner Werte und deiner Leidenschaft zu schaffen, die in jedes Projekt einfließen. Du musst definieren, wer du als Handwerker bist und was dich von anderen unterscheidet.

Wenn du eine klare Identität hast, kann Manfred dich schnell wiedererkennen. Er weiß sofort, wer du bist – sei es durch dein Logo, deinen Namen oder deinen Stil. Das hilft dir, in seinem Gedächtnis zu bleiben und vermittelt Professionalität und Glaubwürdigkeit. Wenn Manfred das Gefühl hat, dich gut zu kennen und zu verstehen, wird er eher bereit sein, dir zu vertrauen und dich zu beauftragen.

In der Realität ist oft das Gegenteil der Fall. Oftmals gibt es keinen einheitlichen Auftritt deiner Marke. Das vermittelt Manfred ein Gefühl der Unberechenbarkeit. Würdest du jemandem dein Kind anvertrauen, der unberechenbar ist? Natürlich nicht. Manfred steht vor der Entscheidung, dir viel Geld zu überlassen und muss Vertrauen aufbauen. Verstehst du das Prinzip?

Stell dir vor, du stehst für Werte wie Nachhaltigkeit, Zuverlässigkeit, Ehrlichkeit oder Qualität ein. Manfred kann sich damit identifizieren, was zu einer emotionalen Verbindung führt. Diese Verbindung sorgt dafür, dass er dir auch in Zukunft treu bleibt, selbst wenn andere Handwerker verfügbar sind.

Ich sehe das oft: Manfred hat einen Betriebsinhaber auf seiner Baustelle und überlegt, ihn zu beauftragen. Er hat Ängste und Sorgen – wie bereits besprochen. Wenn du eine emotionale Bindung zu ihm aufbaust und ihm vermittelst, dass er sich mit dir identifizieren kann, wird das zu einem Auftrag führen. Was machen die Inhaber in der Regel? Sie reden Manfred mit technischen Details voll, die er nicht versteht.

Erinnere dich an das Beispiel mit dem Tiger.

Manfred möchte, dass du ihm ein Gefühl von Sicherheit gibst, weil er Angst hat, gefressen zu werden.

Ihm ist es egal, ob du ihm erklären kannst, wie man einen Tiger überlistet. Er hat Angst und braucht deine Hilfe!

Eine klare Identität hilft dir, die richtige Zielgruppe anzusprechen und nur die Manfreds anzuziehen, die tatsächlich an deinem Angebot interessiert sind. Wenn du möchtest, dass deine Marke aus der Masse heraussticht, brauchst du eine starke Identität. Sie zeigt, was dich besonders macht und warum Kunden gerade bei dir kaufen sollten – dafür gibt es unzählige Vorteile.

Hast du schon einmal darauf geachtet? Du fährst durch die Stadt und siehst die Busse anderer Betriebe? Tolle Aufschriften, tolle Farben, einheitliches Design. Die Mitarbeiter steigen aus, und ihre Klamotten passen perfekt zur Fahrzeugbeschriftung. Das wirkt wertvoll, oder? Du hast von vornherein kein schlechtes Gefühl, sondern denkst: „Die haben etwas zu bieten!"

Und, wenn du denkst, du würdest keinen solchen Betrieb kennen? Lass mich dir sagen, dass Manfred möglicherweise bei dieser Firma unzufrieden sein wird. Aber bis es so weit ist, hat er dort bereits in den Auftragsbüchern gestanden und nicht bei dir. Das ist nicht fair Manfred gegenüber! Das sollte dich anspornen, die Manfreds deiner Region vor solchen Betrieben zu schützen, indem du selbst einen professionellen Eindruck hinterlässt.

Ich werde immer wieder gefragt, wie das alles machbar ist. „Wie soll man da den Überblick behalten?", fragen sie. „Das ist doch ein Mammutprojekt!" Doch es gibt Unternehmen, die schaffen es, in über 100 Ländern mit 40.000 Standorten und 1,9 Millionen Mitarbeitern konsistent aufzutreten. Und du sagst mir, dass das bei einem Handwerksbetrieb mit ein paar Angestellten nicht zu schaffen ist?

Die fehlende Identität der meisten Betriebe liegt oft daran, dass keine klare Positionierung vorhan-

den ist.

Wie willst du eine Identität aufbauen, wenn du nicht einmal weißt, was du anbietest und wem? Das ist eine echte Herausforderung.

Nehmen wir als Beispiel eine kleine Tischlerei. Der Besitzer bietet handgefertigte Möbel an und liebt die Natur. Zu Beginn liegt sein Fokus nicht auf diesen Werten. Somit wirkt er wie jede andere Tischlerei, was Manfred skeptisch macht.

Nach kurzer Analyse und Neukonzeption der eigenen Werte definiert der Tischler seine Identität neu: Er betont, dass er nachhaltige Materialien verwendet und Möbel individuell an die Bedürfnisse seiner Kunden anpasst. Die Kommunikation wirkt authentisch und ansprechend, und plötzlich kommen Anfragen von Menschen, die genau das suchen. Das Vertrauen wächst, und die Identität der Marke wird stärker.

Die Kunden kaufen nicht nur ein Möbelstück, sondern tragen zur Umweltrettung bei. Manfred hat nun nicht nur einen Tisch gekauft, sondern auch Teil einer größeren Idee.

Ein Beispiel: Ein Mann sieht Arbeiter, die Steine mit einem Seil ziehen. Er fragt den ersten: „Was machst du da?" Antwort: „Ich ziehe einen Stein durch die Gegend." Er fragt den Zweiten und erhält die Antwort: „Ich verdiene Geld, um meine Familie zu ernähren." Beim

Dritten fragt er wieder: „Was machst du da?" Antwort: „Ich baue eine Pyramide!"

Alle drei tun objektiv dasselbe, aber ihrer Motivation und Wahrnehmung sind unterschiedlich.

Manfred kauft nicht nur einen Tisch. Er kauft auch keine sichere Sitzgelegenheit für seine Familie. Er trägt mit seinem Kauf zur Rettung des Planeten bei. Das ist Identität und das ist Marketing! Welchen höheren Nutzen haben deine Kunden, wenn sie dich beauftragen?

Logo und Firmenbekleidung

Der einfachste und greifbarste Ausdruck dieser Identität sind das Logo und die Firmenbekleidung. Deshalb werden wir uns in diesem Kapitel mit diesen mächtigen Werkzeugen auseinandersetzen. Mächtige Werkzeuge, die oft verwendet werden, aber nicht die gewünschte Wirkung entfalten.

Grundlegend haben sowohl Logos als auch Firmenbekleidung eines gemeinsamen: Sie haben Wiedererkennungswert.

An Heinrich Schmidt Dachdecker GmbH kann man sich in aller Regel nicht lange erinnern. An Heinrich Schmidt Dachdecker GmbH versehen mit einer geometrischen Form vielleicht schon eher. Es ist eine Kombination aus Namen und Grafik, die es kein zweites Mal gibt. Professionell wird ein Logo, indem es kein „0815-Logo" ist, sondern sich wirklich jemand etwas dabei gedacht hat. Wenn es den Kern deiner Identität repräsentiert und direkt die Positionierung verdeutlicht.

Sehen wir den farbigen Schriftzug von eBay, könnte da auch Birne oder Fleischwurst in der gleichen Aufmachung stehen – wir würden das direkt mit eBay verbinden. Nun wollen wir nicht, dass die halbe Welt deinen Betrieb kennt, es gibt allerdings auch Handwerksbetriebe, die ebenso fast jeder durch ihr Logo kennt wie beispielsweise „Ernst Neger Bedachungen".

Das Ziel ist also, dass die Manfreds, die in deinem Zielumkreis (10, 20 oder 50 km etc.) wohnen, dein Logo sehen und direkt an dein Handwerk denken. Sie müssen direkt an alles denken und alles fühlen, was wir als Identität festgelegt haben. Und genau hier ist der Fehler der meisten: Bevor man ein Logo in den Kopf von Manfred eingraviert, muss man sich überlegen, was man da eigentlich eingravieren möchte – sonst ist das Ergebnis nämlich reiner Zufall.

Dein Logo wird im Optimalfall mit so viel Kontext verbunden, dass Manfred nicht mehr deine Seriosität oder deine Qualität in Frage stellt. Er sieht dein Logo und weiß: Da gibt's gute Dächer!

Das Logo soll im Optimalfall bei Manfred direkt ein Gesamtkonstrukt mit allen Informationen, Emotionen und Bildern von dir in den Kopf rufen, wie du es dir vorgestellt und an die Außenwelt kommuniziert hast.

Es bringt zum Beispiel nichts, wenn du als klimafreundlicher Dachdecker wahrgenommen werden willst und dein Logo ist ein Zunftzeichen kombiniert mit einem Totenkopf, weil du so ein harter Bursche bist und das so „cool" aussieht.

Dein Logo ist die erste Spur, der Manfred folgen kann und es ist das Symbol all dessen, was du verkörpern möchtest. Es muss sofort für Aufmerksamkeit sorgen, im Kopf bleiben und im späteren Verlauf deine Identität repräsentieren.

Schau dir zum Beispiel mein Logo an – das sind drei Striche. Nichts weltbewegendes oder? Wenn du allerdings mal ein Programm anschaust, in dem Umsatzzahlen ausgewertet werden, dann wirst du genau diese Balken sehen, wenn das Unternehmen zweimal hintereinander seinen Umsatz stark erhöhen konnte.

Mit Marketing und einer professionellen Webseite erreicht man das. Also drückt mein Logo genau das aus, was ich liefere: Mehr Geld! Mehr Erfolg! Zudem habe ich die Farben Geld und Blau gewählt. Warum? Beide Farben stehen für Kreativität. Gelb symbolisiert in der Farbpsychologie Selbstvertrauen und Risikofreude. Und du brauchst Risikofreude, wenn du als Handwerker in die neue Welt des Marketings eintauchst. Parallel dazu wurde blau gewählt, weil blau Zuverlässigkeit, Vertrauen und Leistungsfähigkeit ausdrücken.

Also allein die Farbwahl löst in dir unterbewusst aus: Da ist ein Unternehmen mit Selbstvertrauen. Das bedeutet zwar Risiko, aber ich werde auch aufgefangen, weil ich ihm vertrauen kann. Er ist zuverlässig und ich kann mich darauf verlassen, dass mit Hochdruck an meinem Projekt gearbeitet wird.

Zusammen vermitteln diese Farben insgesamt einen Eindruck von Harmonie. Während Gelb für Bewegung und Dynamik steht, bringt Blau Stabilität und Kontinuität. Diese Kombination ist also als eine gut balancierte und harmonische Verbindung von Aktivität und Ruhe; eine kraftvolle Farbwahl, die positive Emotionen, Kreativität und Vertrauen fördert.

Diese Kombination eignet sich hervorragend wenn eine einladende und energetische Atmosphäre gewünscht ist, wie im Marketing oder bei dem Bau von Webseiten als Werbemaßnahme.

Ziemlich krass, was so eine einfache Farbwahl alles bewirken kann, oder? Das muss aber nicht deine Sorge sein, denn darum kümmere ich mich ja.

Ebenso groß wie der Zusammenhang zwischen deinem Logo und deiner Marke ist der Zusammenhang zwischen deiner Marke und deiner Firmenbekleidung.

Ich hoffe, du bist jetzt schon an dem Punkt, an dem du ein Gespür dafür entwickelt hast, **dass auch hinter der Firmenbekleidung mehr steckt als nur ein T-Shirt mit deinem Firmennamen und Logo darauf.**

Betrachte die Firmenbekleidung als ein Fußballtrikot. Deine Mitarbeiter ziehen es an und tragen es mit Stolz! Sie ziehen es an und wissen, dass sie jetzt, wie all die anderen Mitarbeiter uniformiert auf die Baustelle fahren. Jeder vertritt die gleichen Werte und steht für das gleiche ein. Jeder hat die gleiche Vision und kämpft für das gleiche Ziel.

Ihr seid auf einer Großbaustelle und alle anderen Gewerke erstarren kurz, wenn diese Truppe das Gelände betritt und wie ein SEK in das Gebäude marschiert, bis es den Zielort erreicht hat…
Natürlich sind gerade ein wenig die Pferde mit mir durchgegan-

gen, aber ich habe es mit Absicht so extrem ausgedrückt. Derartige Gefühle kann und sollte deine Firmenbekleidung nämlich in deinen Mitarbeitern auslösen.

Ich gebe dir ein Beispiel:

Ich war mal in einer Kneipe und zu etwas späterer Stunde habe ich drei jungen Männern beim Reden zugehört. Zwei schienen zusammenzugehören und ein anderer stand den beiden gegenüber. Der einzelne war vielleicht Anfang 20 und ein ziemlich groß gewachsener Typ – etwas muskulöser und sah gut zurecht gemacht aus. Die anderen beiden sahen etwas vom Abend gezeichnet aus. Offensichtlich waren alle drei Dachdecker und diskutierten über ihr Handwerk.

Plötzlich schwappte das Gespräch etwas über und es ging nicht mehr nur rein um das Handwerk an sich, sondern um die Betriebe, bei denen sie beschäftigt waren. Anscheinend war der großgewachsene Typ bei einer Dachdeckerei beschäftigt und die beiden anderen bei einem konkurrierenden Betrieb.

Die beiden Jungs sagten etwas – ich weiß nicht mehr genau was – und plötzlich begann der großgewachsene von seinem Betrieb zu erzählen. Wobei erzählen das falsche Wort ist. Er sprach mit breiter Brust und selbstbewusster Stimme „Was könnt ihr denn? Guckt euch doch mal allein euer Werkzeug an. Wir haben immer das beste und neuste Werkzeug und weißt du warum? Wir haben Geld! Wir bauen Dächer, die könntet ihr nicht mal planen. Wir sind

Kimmerling-Dach (Name frei erfunden)! Gegen uns hat keiner eine Chance!" Plötzlich waren die anderen beiden still.

Dieser Junge hat sich zu 100% mit seinem Arbeitgeber identifiziert.
Er hat die Identität seines Betriebes gelebt!

Er hat pausenlos in der „Wir"-Form gesprochen. Es stand außer Frage, dass er Teil von etwas ganz Großem ist und er das mit vollem Stolz sagte.

Was denkst du, wer montags morgens motivierter auf die Arbeit gegangen ist und wer mehr Leistung erbracht hat? Was denkst du, wer freiwillig fünf Stunden länger arbeitet, weil der Chef sich verkalkuliert hat oder grade die Hütte brennt? Was denkst du, wer durch die Welt läuft und Kunden generiert, einfach nur, weil er so über seine Firma spricht? Der Großgewachsene oder die beiden stumm gewordenen? Das ist Marketing!

Wir sind so weit von bedruckten Feuerzeugen entfernt wie Markus Rühl von den Weight Watchers. Wo ordnest du die drei Männer aus der Kneipe ein? Erinnere dich an das Pyramidenbeispiel. Der einzelne baut eine Pyramide und die anderen beiden ernähren maximal ihre Familie, aber wahrscheinlich ziehen sie gedanklich einfach nur Steine durch die Gegend.

Die Firmenbekleidung ist mehr als nur ein einheitliches Outfit. Die Firmenbekleidung ist eine Uniform, die für all die Werte steht, die dein Betrieb mit seiner Identität verkörpert.

Wenn deine Mitarbeiter die Firmenbekleidung tragen, tragen sie deine Vision, deine Persönlichkeit, deine Werte und deine Kompetenz an sich – sie sind damit Teil davon. Sie sind stolz, das alles zu verkörpern. Sie identifizieren sich damit.

Wenn du keine Identität hast, können deine Mitarbeiter auch mit nichts identifizieren. Womöglich sind sie von bestimmten Dingen genervt oder wissen etwas besser und schon tragen sie die Kleidung mit einem negativen Gefühl.

Die Qualität der Arbeit lässt nach, die Krankheitstage werden höher und wenn mal Not am Mann ist, haben sie plötzlich einen wichtigen Zahnarzttermin.

Wenn du dich mal gefragt haben solltest, wie es manche Betriebe schaffen, morgens eine Truppe von Soldaten auf dem Betriebsgelände stehen zu haben, die alle füreinander einstehen und gerne die Extrameile für den Betrieb gehen, dann hast du hier deine Antwort bekommen.

Das ist kein Glück oder Zufall, dass die richtigen Mitarbeiter an die Tür geklopft haben. Das ist Marketing!

Du möchtest dich intensiv mit dem Thema Marketing beschäftigen?

Über 300 Seiten Know-How

Wie du der gefragteste Betrieb deiner Region wirst.

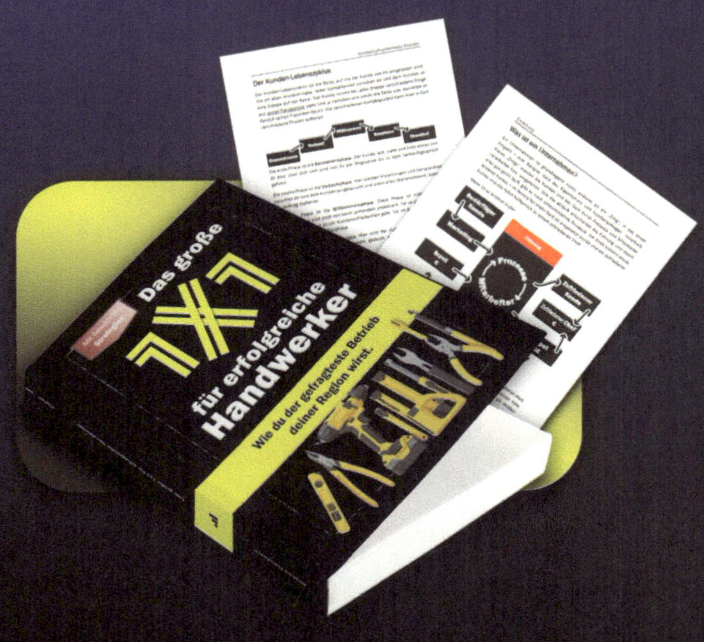

www.attacke-handwerk.de/buch

Die wichtigsten Learnings

1

Ein Logo macht keine Marke. Eine Marke macht das Logo und jeder hat eine Marke.

Unter dem Aspekt, dass wir den Begriff „Marke" als Synonym für „Ruf" verstehen, hat jeder eine Marke oder ist unbekannt.

Ein Logo macht keine Marke, eine Marke macht das Logo. Eine Marke besteht aus einer Identität und einer Botschaft. Ein Markenzeichen (Logo) sollte genau das ausdrücken. Es ist der erste Hinweis dafür, wer oder was du bist.

2

Eine emotionale Bindung sorgt für Vertrauen

Du musst es schaffen, eine emotionale Bindung zu deinen Kunden aufzubauen und insbesondere positive Gefühle zu wecken.

Dadurch hast du eine tiefere Bindung zu deinen Kunden und sie beauftragen dich viel leichter, weil sie dir vertrauen.

Dein Kunde hat ein Markenerlebnis

Dein Kunde macht vor, während und nach eurer Zusammenarbeit Erlebnisse. Er erlebt dich in der Werbung und Online.

Er erlebt dich während der Bauphase und danach, wenn es zum Beispiel Reklamationen gibt. Das Erlebnis muss einstimmig sein und darf sich nicht widersprechen.

Außerdem sollte es selbstverständlich seinen Erwartungen entsprechen.

Eine Marke macht keinen Umsatz

Eine Marke macht keinen Umsatz. Eine Marke allein sorgt nicht dafür, dass Geld auf dein Konto fliest.

Eine Marke ist ein Sprungbrett. Sie macht es einfacher Kunden zu gewinnen.

Sie sorgt dafür, dass du mehr (Wunsch-)Kunden gewinnst und sie sorgt dafür, dass sie zufriedener sind.

.•◖ attacke handwerk.

KAPITEL 6

WEBDESIGN

Webdesign

Was du bisher gelernt haben musst

Ich freue mich, dass du mein Buch bis hierhin gelesen hast. Ich lehne mich weit aus dem Fenster und behaupte, dass du bis hierhin bereits viel gelernt hast. Du hast sicher Dinge erfahren, die dir bisher nicht bewusst waren oder dir so noch nicht begegnet sind.

Fassen wir also kurz zusammen, was wir bisher erarbeitet haben:

Die Baubranche ist derzeit in einer herausfordernden Lage. Die Auftragsbücher mit (guten) Kunden zu füllen, ist nicht mehr so einfach wie früher. Man muss wieder aktiv werden. Kunden in die Auftragsbücher zu bekommen, ist keine Magie und auch kein Glücksspiel, sondern das Ergebnis eines Systems namens Marketing.

Du weißt, dass deine Webseite ein Marketinginstrument ist und den zentralen Dreh- und Angelpunkt auf dem Weg eines potenziellen Kunden in deine Auftragsbücher darstellt. Du hast verstanden, dass viele Probleme in einem Handwerksbetrieb in ihrem Kern auf ein Marketingproblem zurückzuführen sind.

Außerdem weißt du, dass es unmöglich ist, keine Marke zu haben. Die Aufgabe besteht also darin, eine Marke zu kreiren und sie an potenzielle Kunden zu kommunizieren. Auch wenn du nichts anderes aus diesem Buch mitgenommen hast: Diese Fakten müssen sitzen und verstanden sein!

Was ist überhaupt Webdesign?

Ich habe in diesem Buch oft über Webseiten oder Webdesign gesprochen. Aber was bedeutet das eigentlich? Was hast du persönlich für eine Vorstellung?

Hast du gerade das Bild eines 50-Kilogramm schweren IT-Nerds vor Augen, der in seinem dunklen Kämmerchen vor drei Bildschirmen sitzt und irgendwelchen Code programmiert?

Nein, das hat mit Webdesign, wie wir es brauchen, nichts zu tun. So sah das vielleicht vor 20 Jahren aus oder es ist der Fall, wenn der Code für eine Webseite wie eBay oder Amazon geschrieben wird.

Webseiten technisch zu erstellen, ist heute kein Hexenwerk mehr.

Jeder Mensch kann mit ein bisschen technischem Verständnis eine Webseite erstellen, wenn er ein paar Tage oder Wochen Zeit investiert. Es gibt genügend Tools, mit denen man das bewerkstelligen kann.

Webdesign ist ein Handwerk. Jeder kann Webseiten bauen. Es kann auch jeder Fliesen legen, Dächer decken oder die Elektrik in seinem Haus machen, der sich ein YouTube-Video darüber angesehen hat. Die Frage ist, wie es danach aussieht und ob es fachmännisch ausgeführt wurde.

Die entscheidende Frage ist, ob du eine Webseite haben möchtest, um eine Webseite zu haben, oder ob du eine Webseite haben möchtest, um ein Ziel wie „Kundengewinnung" oder „Mitarbeitergewinnung" zu erreichen. Deshalb haben IT-Fachkräfte oder Programmierer hier nichts verloren und werden dich auch nicht glücklich machen. Webseiten müssen von Marketing-Experten gebaut werden.

Webdesign ist die Gestaltung einer Webseite. Es umfasst den strategischen Aufbau, die visuelle Gestaltung, die Benutzerfreundlichkeit und die Suchmaschinenoptimierung.

Webdesign ist zwar auch das, was der Kunde sieht, aber in erster Linie ist Webdesign das, was der Kunde nicht sieht – das, was sich hinter den Kulissen abspielt.

Es ist die Möglichkeit zu untersuchen, was Webseitenbesucher auf deiner Webseite machen. Es ist die Möglichkeit zu analysieren, wer auf deine Webseite kommt und was er danach macht. Das eröffnet die Möglichkeit, die Webseite zu optimieren und gezielt anzupassen, sodass sie jederzeit die gewünschten Ergebnisse erzielt.

Was ist der größte Nutzen einer Webseite?

Das sind die wesentlichen Vorteile, die du durch eine Webseite generierst:

1. **Erhöht deine Sichtbarkeit**
2. **Überzeugt den Besucher von dir**
3. **Hebt dich von deiner Konkurrenz ab**
4. **Steigert deinen Umsatz**
5. **Erhöht deine Kundenzufriedenheit**

Um diese Ziele zu erreichen, gibt dir der Webseitenbesucher jedoch nur sehr wenig Zeit. Webseitenbesucher treffen in der Regel innerhalb von weniger als 10 Sekunden eine Entscheidung darüber, ob sie auf deiner Webseite bleiben oder sie wieder verlassen. Tatsächlich zeigen einige Studien, dass viele Nutzer bereits nach 3 bis 5 Sekunden entscheiden, ob sie weiterhin bleiben oder nicht. 3 bis 5 Sekunden! Da ist kein Spielraum für Fehler!

Wenn Manfred auf deine Webseite kommt und ein neues Dach für 50.000 Euro haben möchte, entscheidet er nach 3 Sekunden, dass er dir das Geld nicht geben wird, weil die Webseite diesen Eindruck erzeugt.

Hältst du das für einen Witz? Hältst du das für übertrieben? Das sind offizielle Statistiken und der Grund, warum dein 30

Jahre alter Konkurrent morgens um zehn mit seiner Freundin auf dem Beifahrersitz seines AMGs frühstücken fährt und du abends um zehn noch im Büro sitzt, während du deine Kinder vor zwei Tagen das letzte Mal gesehen hast.

Ich möchte nicht, dass du dich so fühlst. Ich möchte auch nicht, dass du so leben musst.

Bevor ich dir also erkläre, wie man eine Webseite baut und du noch mehr Zeit verschwendest, um einmalig etwas zu erschaffen, das letztendlich nicht den gewünschten Effekt erzielt, drehe ich den Spieß lieber um und mache mit dir ein Interview. Du stellst mir Fragen, und ich beantworte sie. Da ich das schon ein wenig länger mache, weiß ich genau, welche Fragen du hast.

Also, was denkst du? Dass es nur auf das Design ankommt? Dass eine Webseite teuer ist? Dass Webseite gleich Webseite ist? Ich stelle mich deinen Fragen und nehme in unserem gemeinsamen Interview kein Blatt vor den Mund.

Das große Interview
DU & ICH

Das große Interview:

1.   Design ist alles

Verabschiede dich bitte von dem Gedanken, dass Design alles ist. Design ist wichtig.

Mit dem Design deiner Webseite suggerierst du (hoffentlich) die Wertigkeit deines Handwerks. Aber nur weil ein Geschenk hübsch verpackt ist, heißt das nicht, dass der kleine Theo an Weihnachten nicht heulend unter dem Weihnachtsbaum sitzt. Er ist enttäuscht, weil er sich etwas anderes gewünscht hat – und wirkt das Geschenk weg.

Eine schöne Webseite ist wenig wert, wenn sie schwer zu navigieren ist oder keine relevanten Informationen bietet. Und sie ist komplett wertlos, wenn sie trotz erstklassigem Design nicht dafür sorgt, dass Manfred den Hörer in die Hand nimmt und dich beauftragen möchte.

2.   Eine Webseite reicht aus

Einige denken, dass die bloße Existenz einer Webseite ausreicht, um potenzielle Kunden anzuziehen.

In Wirklichkeit entscheidet ein umfassendes Marketing und SEO, also Suchmaschinenoptimierung, darüber, ob die Webseite in Suchergebnissen sichtbar ist und Besucher erhält.

Verabschiede dich von dem Gedanken, dass die Menschen „www.heinrich-schmidt-dachdecker.de" in ihre Browser-Suchleiste eingeben und sich deine Webseite ansehen.

Sie müssen auf deine Webseite geführt werden oder du musst in den lokalen Suchergebnissen ganz oben stehen. Andernfalls verstaubt deine Webseite in der Vitrine.

3.   Eine professionelle Webseite ist teuer

Definieren wir mal „teuer". Sind 17 Euro für ein belegtes Brötchen am Flughafen teuer? Ja. Sind 100.000 Euro für eine Webseite teuer, wenn sie 1,4 Millionen Jahresumsatz generiert?

Das kann man diskutieren. Professionelle Webseiten fangen irgendwo bei 3.000 Euro an, und nach oben hin ist alles offen. Es ist keine Seltenheit, dass eine Webseite auch mal 20.000 Euro oder mehr kostet.

Der Preis entsteht jedoch nicht, weil der reine Bau einer Webseite so unfassbar teuer ist. Ich kann dir ganz entspannt eine Webseite an einem Tag oder sogar an einem Abend zusammenklatschen – das ist kein Problem. Dann kann ich das auch für 500 bis 1.000 Euro anbieten. Bei so einem Preis ist es jedoch ausgeschlossen, dass sich irgendjemand ernsthafte Gedanken gemacht hat. Du kannst auch einen Dachdecker für 15 Euro die Stunde beauftragen und dich am Ende wundern, warum alles schiefläuft.

Es ist nicht der Bau der Webseite, der diesen Wert hat, sondern die Vor- und Nacharbeit. Es ist die Markenstrategie, die Ausarbeitung deiner Identität und die Optimierung. Bei mir zum Beispiel bist du für so ein Paket mit ca. 5.000 Euro dabei. Das Geld hast du allerdings in der Regel nach einer Baustelle wieder draußen, und effektiv bezahlst du sowieso wahrscheinlich nur die Hälfte, weil du die andere Hälfte dem Finanzamt gegeben hättest.

Mit dem Unterschied, dass deine Steuererklärung keine neuen Kunden bringt. ;)

4.   Inhalte sind nicht wichtig

Ein häufiger Fehler ist die Annahme, dass der Inhalt der Webseite unwichtig ist, solange das Design ansprechend ist. Die Frage ist etwas verwandt mit der ersten. Der Inhalt ist jedoch entscheidend für die Kommunikation der Markenbotschaft und für die Suchmaschinenoptimierung. Gut strukturierte und relevante Informationen sind unerlässlich, um das Interesse der Besucher zu wecken und sie zu leiten.

5.   Visuelle Inhalte sind nicht notwendig

Die einen sagen so, die anderen sagen so. Die einen denken, Inhalte seien unwichtig, und die anderen denken, visuelle Inhalte (also Bilder, Videos, Grafiken etc.) seien unwichtig. Die Wahrheit liegt in der Mitte. Es ist beides wichtig. Es ist die Balance zwischen Inhalt und Text, die alle Sinne gleichzeitig anspricht.

Menschen haben von Medium zu Medium unterschiedliche Erwartungen. Schauen wir Fernsehen, wollen wir Bilder sehen. Lesen wir die Zeitung oder ein Buch, wollen wir Texte lesen. Auf einer Webseite wollen wir beides haben. Wie Text und Bild im Verhältnis stehen, ist fallabhängig.

6.   Text ist Text

Nein, Text ist nicht einfach nur Text, sondern Text ist Werbetext.

Mach dir klar, dass jeder Text, der auf deiner Webseite zu finden ist, einen Werbetext darstellt und aus einem bestimmten Grund dort steht, wo er steht. Jeder Textbaustein verfolgt ein bestimmtes Ziel.

Es gibt gute und schlechte Werbetexte, und demnach gibt es auch gute oder schlechte Texte, die auf einer Webseite stehen können.

7. Die einmalige Erstellung einer Webseite genügt

Das ist ein weit verbreiteter Irrtum, dass es ausreichend ist, die Webseite einmal zu erstellen und dann nicht mehr daran zu denken.

Tatsächlich ist es wichtig, die Webseite regelmäßig anzupassen. Das Projekt „Webseite" ist nicht abgeschlossen, sobald sie erstellt ist. Eine Webseite erfordert kontinuierliches Monitoring, Anpassung, Pflege und strategische Planung, um relevant und aktuell zu bleiben.

Eine Webseite ist kein Projekt, sondern ein dauerhafter Prozess. Wie ich bereits erwähnt habe, ist eine Webseite das Bindeglied zwischen dir und potenziellen Kunden.

Ich gebe dir ein Beispiel: Begeisterst du Kunden heute mit den gleichen Argumenten wie zu Zeiten der Nullzinspolitik, des Handwerkermangels und geringerer Materialkosten?

Heute triffst du potenzielle Kunden mit anderen Argumenten mitten ins Herz. Das basiert nicht auf Gefühlen oder Annahmen, sondern auf Zahlen, Daten und Fakten, die man kontinuierlich auf dem Tisch haben sollte.

Das bedeutet, die dauerhafte Überwachung der Webseiten-Performance und die fortlaufende Anpassung sind sogar wichtiger als der Bau der Webseite. Ich kann dir an jedem Tag im Jahr sagen, wie viele Besucher auf den einzelnen Webseiten meiner Kunden waren und was sie dort gemacht haben.

Ich bekomme sofort mit, wenn die Zahlen einbrechen, und spreche bei regelmäßigen Terminen mit meinen Kunden darüber.

8. Suchmaschinenoptimierung (SEO) ist nicht erforderlich

Glaubst du, dass SEO nur für große Unternehmen wichtig ist? Unabhängig von der Unternehmensgröße ist SEO entscheidend dafür, ob die Webseite von potenziellen Kunden gefunden wird.

Schätze mal, wie viele Handwerker es in deiner Region gibt, die das Gleiche anbieten wie du. 5? 10? 15? Das weiß auch Google. Wie oft gehst du auf die zweite Seite der Suchergebnisse? Quasi nie?

Wenn du nicht ganz oben angezeigt wirst, verlierst du Unmengen an Umsatz. Und auch das ist kein einmaliger Wettkampf. Es ist ein dauerhaftes Wettrennen darum, wer die Nase vorne hat. Deine Konkurrenten schlafen nicht. Die Frage ist nur, wer das schnellste Auto und den besten Fahrer auf der Rennstrecke hat.

9.   Technische Details wie Ladezeiten oder die mobile   Ansicht sind irrelevant

Wenn du mir garantieren kannst, dass du noch nie eine Webseite verlassen hast, weil sie zu lange geladen hat oder wenn sie beispielsweise auf dem Handy komplett verschoben oder falsch dargestellt war, gebe ich dir recht.

Aber das kannst du nicht, oder? Wir geben einer Webseite einen kleinen Moment Zeit. Aber spätestens nach 5 Sekunden sind wir weg.
Wir sind genervt, wenn Bilder im Schneckentempo nacheinander laden. Willst du, dass deine Webseitenbesucher direkt von dir genervt sind und ein schlechtes Gefühl haben?

Beim Bau einer Webseite gibt es ein paar Stellschrauben, die man drehen kann, um die Ladezeit zu verkürzen. Und das ist auch notwendig. Das ist genauso notwendig wie die korrekte Darstellung auf dem Handy oder auf einem Tablet.

10.   Jeder kann eine Webseite selbst erstellen

Wenn du an dieser Stelle des Buches immer noch der Meinung bist, dass jeder eine professionelle Webseite erstellen kann, die die gewünschten Ergebnisse liefert – Kunden und auch Mitarbeiter – dann bin ich langsam mit meinem Latein am Ende.

Nochmal in Kürze: Der Bau einer Webseite ist für den unerfahrenen und ungeübten Webseitenbauer selbst mit einem Baukasten-Tool ein enormer zeitlicher Aufwand.

Diese Webseiten werden keine Ergebnisse liefern und in aller Regel auch kein professionell wirkendes Design haben. Diese Webseiten sind weder technisch noch verkaufspsychologisch für Marketingzwecke ausgelegt und deshalb auch nicht für diesen Einsatz geeignet.

11.   Kunden werden automatisch kommen

Eine neue Webseite zieht nicht automatisch neue Kunden an. Erfolgreiche Webseiten benötigen Optimierungen und Marketingstrategien, die darauf abzielen, eine bestimmte Zielgruppe zielgerichtet auf die Webseite zu leiten.

12.   Einheitliches Layout ist überbewertet

Es ist nicht in Ordnung, auf deiner Webseite verschiedene Layouts und Schriftarten zu verwenden. Ein konsistentes Layout ist wichtig für den Wiedererkennungswert und die Benutzerfreundlichkeit. Ein einheitliches Erscheinungsbild sorgt dafür, dass die Webseite professionell wirkt.

Du ziehst ja auch nicht Lackschuhe, Tennissocken, eine Sporthose und ein Sakko an und erwartest, dass man dich mit diesem Outfit für voll nimmt, oder? Das klappt vielleicht in irgendeiner Berliner Hipster-Bar, aber mit Sicherheit nicht im echten Leben.

Um professionell zu wirken, muss das Gesamtbild stimmig sein.

13.   Werbung ist unnötig

Wie kommst du darauf? Woher sollen potenzielle Kunden wissen, dass deine Webseite existiert? Warum sollten sie die Motivation haben, deine Webseite zu besuchen?

Auch Webseiten benötigen Promotion und gezielte Marketingmaßnahmen, um Sichtbarkeit zu gewinnen.

14.   Jede Information muss veröffentlicht werden

Das ist ein häufiges Missverständnis, dass eine professionelle Webseite jede erdenkliche Information enthalten sollte. Die Wahrheit ist, dass es wichtig ist, den Inhalt auf die Kernaussagen zu reduzieren und die wichtigsten Punkte hervorzuheben, um die Benutzer nicht zu überfordern.

15.   Feedback von Freunden und Familie reicht aus

Wenn du schon einmal selbst eine Webseite gebaut hast, wirst du das wahrscheinlich kennen. Du bist fertig und fragst sofort deine Freunde und deine Familie, wie sie die Seite finden.

Das Problem ist, dass deine Freunde und deine Familie in der Regel nicht deiner Zielgruppe entsprechen.

Es ist wichtig, die Leute um Feedback zu bitten, die du mit deiner Webseite zu Kunden machen willst. Das sollte im Vordergrund stehen, weil es auf die Meinung dieser Leute ankommt.

Und weißt du was? Das Gleiche mache ich jetzt auch. Du gehst bitte auf www.attacke-handwerk.de und schickst mir danach eine Nachricht auf mein Handy, in der du mir sagst, was ich verbessern kann.

Es wäre super nett, wenn du mir diese paar Minuten deiner Zeit schenken könntest. Ich sitze hier ja auch nicht seit Wochen und schreibe ein Buch für dich. Du bist mir deshalb nichts schuldig oder so. (Kleiner Witz!)

16. Eine Analyse der Webseitennutzung ist unnötig

Stellen wir uns vor, dass du Fliesenleger bist. Stell dich mal gedanklich mitten in ein Bad und sag mir, ob es Fliesen gibt, die locker sind. Stop! Bevor du jetzt gedanklich in Richtung Wand läufst – nein. Du wirst nicht auf den Fliesen herumklopfen, sondern du musst es mit dem bloßen Auge erkennen und spüren.

Das ist dasselbe Prinzip. Du kannst keine Webseite bauen und dich auf ein Bauchgefühl verlassen, wenn es darum geht, was gut oder schlecht ist. Du musst testen. Du musst analysieren.

Klopfen – hohl – Fliese locker.
Klopfen – nicht hohl – Fliese fest.

1.000 Webseitenbesucher – kein Anruf – durchschnittliche Verweildauer auf der Seite: 6 Sekunden – dein „above the fold" ist offensichtlich schlecht (also der Teil deiner Webseite, der für Besucher auf den ersten Blick ohne zu scrollen sichtbar ist), weil die Besucher nach dieser kurzen Zeit nicht viel mehr gesehen haben können, bevor sie die Webseite wieder verlassen.

17. Ein Logo allein macht die Marke

Nein, ein Logo macht nicht die Marke. Die Marke macht das Logo.

Viele glauben, dass ein einfaches Logo die Marke definiert und das ausreichend ist. In Wirklichkeit ist die Markenidentität vielschichtig und umfasst Werte sowie eine Botschaft, nicht nur das Logo.

Schau am besten noch einmal in das Kapitel, wo es um Logos ging.

18. Kundenbewertungen sind überflüssig

Kundenbewertungen sind vor allem im Handwerk sehr wichtig! Manchmal kommt es nicht auf die Nachricht an, sondern auf den Boten. Wenn du mir erzählst, wie toll du arbeitest, kann ich dir das glauben, aber ich weiß auch, dass du mir etwas verkaufen willst. Wenn das ein Fremder mir erzählt, sieht die Sache schon anders aus.

Und Kundenbewertung ist auch nicht gleich Kundenbewertung.

Es gibt exakt sechs Entwicklungstufen:

*   Stufe 1: Keine Bewertungen
*   Stufe 2: Stefan W. aus G. sagt…
    Derartig anonymisierte Kundenbewertungen nimmt
    keiner ernst.
*   Stufe 3: Stefan Weber aus Gemünden sagt…
    Diese Art der Kundenbewertung ist schon besser als
    nichts, ist aber immer noch schlecht.
*   Stufe 4: Stefan Weber aus Gemünden (+ Foto von Ste
    fan) sagt…
    Diese Kundenbewertungen sind definitiv besser, erfül
    len aber immer noch nicht den Effekt, den du eigent

lich haben möchtest.

- Stufe 5: Stefan Weber erklärt seine Kundenstimme im Rahmen eines Videos. Diese Art der Kundenbewertung ist technisch gesehen die beste Variante, erzielt jedoch den gewünschten Effekt meist nur durch Zufall.
- Stufe 6: Die High-End-Variante, die genau den Effekt erzielt, den du erreichen möchtest. Das verrate ich dir aber erst, wenn wir uns persönlich sprechen.

19. Nur große Unternehmen brauchen umfassende Webseiten – Mundpropaganda reicht

Weißt du, Mundpropaganda hat zwei große Nachteile:

Du kannst nicht steuern, was über dich erzählt wird.   E i n e Kundenbewertung auf deiner Webseite erzielt den gleichen Effekt, aber du kannst steuern, was du präsentierst.
Es ist immer nur der gleiche Dunstkreis an Menschen, weil sie sich untereinander kennen, und dieses Spiel funktioniert auch nur bis zu einer bestimmten Betriebsgröße.

Durch eine definierte Marketingstrategie und eine Webseite erreichst du auch Kunden, zu denen du bisher (auch über Dritte) noch nie Kontakt hattest. Das bedeutet, die Anzahl an potenziellen Kunden wird dadurch wesentlich größer.

20. Inhalte dürfen nicht zu lang sein

Es gibt die Fehlannahme, dass lange Texte immer weniger wirkungsvoll sind.

Komisch, oder? Eben schreibe ich, dass Texte nicht zu lang sein sollen, und jetzt soll das doch egal sein. Was stimmt denn nun? Es ist beides richtig! Es kommt nur auf den Kontext an.

Ausführliche Inhalte können oft tiefere Einblicke bieten und deine Autorität stärken, solange sie gut strukturiert und relevant sind. Die wichtigste Bedingung ist allerdings, dass der Kunde nach so viel Information verlangt!

Ob der Kunde danach verlangt, lässt sich auch recht einfach herausfinden.

21. Die Zielgruppe kennt die Marke

Du weißt, was mit Marke gemeint ist. Du musst davon ausgehen, dass deine Zielgruppe, beziehungsweise der Webseitenbesucher, noch nie etwas von dir gehört hat.

Das ist insbesondere dann der Fall, wenn das Ziel deiner Webseite ist, neue Kunden zu gewinnen. Es ist wichtig, die Marke klar zu kommunizieren. Es gibt keine Garantie, dass man sofort einen Volltreffer mit seinen Worten und Bildern landet. Deshalb ist es umso wichtiger, die Webseitenperformance zu analysieren und sie stetig zu verbessern.

Die wichtigsten Learnings

1 Webdesign ist mehr als nur Ästhetik

Eine erfolgreiche Neukundengewinnung basiert nicht auf Glück oder Zufall, sondern auf Marketing.

Eine durchdachte Webseite ist ein zentrales Marketinginstrument. Design sollte nicht isoliert betrachtet werden.

Eine Webseite muss die Markenbotschaft unterstützen und zur Zielerreichung beitragen. Das Design verpackt diese Botschaft nur schön.

2 Inhalte als Schlüssel zum Erfolg

Hochwertige, relevante Inhalte sind unerlässlich, um Besucher zu gewinnen und zu überzeugen. Dies gilt ebenso für visuelle Inhalte wie Bilder und Videos.

Jedes Element auf der Webseite muss durchdacht und zielgerichtet eingesetzt werden, um das Interesse der Zielgruppe zu wecken und sie zum Handeln zu bewegen.

Deine Webseite ist ein fortlaufender Prozess

3

Das Erstellen einer Webseite ist nicht das Ende, sondern der Beginn eines kontinuierlichen Prozesses.

Regelmäßiges Monitoring und Anpassungen sind notwendig, um die Webseite aktuell und effektiv zu halten. Die Bedürfnisse der Kunden und die Branche ändern sich stetig.

Auch die Suchmaschinenoptimierung ist nicht als einmaliger Pokal, sondern als dauerhaftes Wettrennen gegen die Konkurrenz zu verstehen.

Webdesign ist mehr als das, was man auf den ersten Blick erkennt

4

Die meisten Menschen sehen nur eine Webseite - die Oberfläche - genau wie sie in einem Bad nur die Fliesen sehen. In Wirklichkeit ist Webdesign wesentlich mehr.

Es ist der Aufbau von Marketingkanälen, die Besucher auf die Webseite führen. Es sind technische Aspekte wie Ladezeiten und mobile Ansichten. Es ist Suchmaschinenoptimierung und es sind vor allem Werkzeuge, die ermöglichen Webseitenbesucher wieder zu erreichen.

.:.: attacke handwerk.

KAPITEL 7

NACHWORT

Nachwort

Du bist fast am Ende meines Buches angekommen! Weißt du noch, wie ich heiße? Richtig, mein Name ist Florian Veit, und ich bin der Gründer von Attacke Handwerk. Ich mache Marketing für Handwerker.

Hast du das Gefühl, du verstehst jetzt, wie das funktioniert? Lass mich alles noch einmal kurz für dich zusammenfassen, damit es keine Missverständnisse gibt.

Wenn du deinen Gewinn erhöhen möchtest, musst du entweder deinen Umsatz steigern oder deine Kosten reduzieren. Kosten lassen sich nur bis zu einem gewissen Grad senken; bei der Umsatzerhöhung hingegen sind dir kaum Grenzen gesetzt. Deshalb liegt der Fokus ganz klar auf der Umsatzsteigerung, und das erreicht man durch effektives Marketing.

Wie funktioniert Marketing?

Wir müssen zunächst klären, welche Kunden du ansprechen möchtest – also welchem „Manfred" du am besten helfen kannst. Dann überlegen wir, auf welchen Wegen Manfred in deine Auftragsbücher kommt und wie wir ihn motivieren, diesen Weg tatsächlich zu gehen.

Damit er unterwegs nicht abbiegt, sich umdreht oder stehen bleibt, schauen wir zuerst, was dein Betrieb zu bieten hat.

Wir betrachten dein Geschäftsmodell, führen eine Marktanalyse durch, definieren deine Zielgruppe, analysieren deine Stärken und Schwächen und ermitteln, welcher Preis perfekt zu dir passt.

Anschließend schmieden wir einen Plan, um das Ganze in klingende Münze zu verwandeln: Wir bauen deine Marketingkanäle auf. Dies geschieht im Kontext des Aufbaus deiner ganz persönlichen Marke.

Denk dran: Du kannst nicht keine Marke haben.

Du kannst nur eine gute oder eine schlechte Marke haben. Es sei denn, dich kennt niemand – und das willst du ja nicht, oder? Wir wollen, dass möglichst viele Leute dich kennen und von dir denken, was du möchtest. Sie sollen dir vertrauen, dich wertschätzen und wissen, dass du der einzige Betrieb bist, den sie beauftragen sollten. Richtig?

Du weißt sicherlich noch, dass der Dreh- und Angelpunkt deiner Marketingkanäle deine Webseite ist. Deine Webseite ist das größte Bindeglied zwischen dir und den „Manfreds" dieser Welt. Dort entfaltet sich alles, was wir erarbeitet haben – hier ziehst du Kunden an oder verjagst sie. Vorausgesetzt, wir sorgen dafür, dass genügend Besucher auf deine Webseite kommen.

Wenn die Strukturen einmal stehen und alles bereit ist, schauen wir uns an, wie sich die Zahlen im Laufe der Zeit entwickeln. Wir drehen ständig an den Stellschrauben, um dein Marketing und deine Webseite zu optimieren. Zum Beispiel gilt: Auf Google auf Platz 1 zu stehen, ist kein Pokal, den man einmal gewinnt, sondern ein dauerhaftes Wettrennen gegen die Wettbewerber. Auch die Kundenbedürfnisse ändern sich von Zeit zu Zeit.

Und das wünsche ich mir für dich!

Ich wünsche mir, dass du der bekannteste und beliebteste Handwerksbetrieb in deiner Region bist.

Ich wünsche mir, dass du keine Geldsorgen mehr hast und deine Kunden deine Arbeit endlich wertschätzen.

Ich wünsche mir, dass du wie ein normaler Mensch zum Abendessen zu Hause bist.

Ich wünsche mir, dass du im Sommer mit deinen Kindern am Strand spielen kannst, ohne dass dein Handy permanent klingelt. Du hast nur 18 Sommer, die du mit deinen Kindern genießen kannst, und diese solltest du auch nutzen.

In dieser Zeit solltest du nicht von nervigen Mitarbeitern, unzufriedenen Kunden und Bergen von Rechnungen vereinnahmt sein.

Wenn man sich selbst in diesem Sog des Alltags befindet, merkt man oft nicht mehr, wie es einem geht. Aber ich kenne das Gefühl, auf der anderen Seite zu stehen. Glaub mir, es fühlt sich schrecklich an!

Deshalb werde ich es nicht akzeptieren, dass du die gleichen Fehler machst, wie mein Vater. Ich werde es nicht akzeptieren, dass du als hervorragender Handwerker keinen Spaß mehr an deinem Beruf hast, nur weil du kein Marketing betreibst und deine Kosten nicht im Griff hast.

Es ist Zeit, dass sich das ändert. Die Zeiten, in denen Handwerker jeden Mist machen konnten und die Auftragsbücher und Konten trotzdem voll waren, sind vorbei. Wir haben eine Wirtschaftskrise da draußen.

Die Zahl der Insolvenzen ist so hoch wie nie zuvor. Allein in diesem Jahr sind es fast 25 % mehr als im Vorjahr – nur in der Baubranche!

Weißt du, was das bedeutet? Schau nach links, schau in den Spiegel und schau nach rechts. Das sind du und deine Wettbewerber – und mit sehr großer Wahrscheinlichkeit wird es mindestens einen davon in naher Zukunft nicht mehr geben.

Das sind doch nur ein paar Handwerker, oder? Ist doch egal, wenn da mal einer pleitegeht, denken sie sich bestimmt. Aber weißt du eigentlich, wie hoch der Umsatz der Baubranche in Deutschland ist? Fast 200 Milliarden Euro!

Knapp 20.000 Betriebe stehen mit fast 3 Millionen

Handwerkern jeden Morgen auf der Baustelle und erwirtschaften so viel wie die Weltkonzerne eBay, Facebook und Google zusammen.

Mit dem Unterschied, dass im Handwerk echte Werte geschaffen werden! Das ist die Wirtschaftsmacht von nebenan und nicht die Knallköpfe, die in Berlin in einem Starbucks die nächste Dating-App erfinden wollen!

Den Handwerkern ist es egal, für welchen Betrieb sie arbeiten, und den Bauherren ist es egal, welchen Betrieb sie beauftragen. Die Angestellten arbeiten nach einer Insolvenz eben woanders, und die Kunden beauftragen andere Betriebe.

Wo Gebäude sind, muss auch saniert werden. Und wo saniert wird, braucht man Handwerker. Die Frage ist nur, in welchem Team du spielen willst. Links steht Team „Insolvenz", rechts steht Team „Marketing und Kosten". In welchem Team willst du sein?

Ich bin heute Morgen aufgewacht und hatte einen Traum. Ich träumte davon, dass nie wieder ein Handwerksbetrieb in Schieflage gerät, weil er es nicht schafft, sein Handwerk richtig zu verkaufen.

Ich habe mir ein Ziel gesetzt: Ich will Handwerkern dabei helfen, ihre Arbeit durch ansprechendes Webdesign und gezielte Marketingstrategien sichtbar zu machen, damit sie die

Kunden erreichen, die sie verdienen.

Wenn du bis hierhin nicht verstanden hast, wie wichtig das ist, kann ich dir auch nicht mehr helfen. Aber wenn du es verstanden hast, dann gehe jetzt auf www.attacke-handwerk. de und buche dir ein kostenloses Erstgespräch. Die Buchung dauert keine 30 Sekunden. Ob ich dir helfen kann oder nicht, werden wir sehen. Aber du wirst niemals dort sitzen und dich fragen müssen, was gewesen wäre, wenn du dir einfach mal die 15 Minuten Zeit genommen hättest.

Wir telefonieren zum vereinbarten Termin, und du erklärst mir, was dich belastet und welche Ziele du verfolgst. Und dann schauen wir gemeinsam, ob ich dir helfen kann. Das war's.

15 Minuten, die dein Leben verändern werden

Was wird in diesen 15 Minuten passieren?

Diese 15 Minuten dienen primär dazu herauszufinden, was deine Probleme sind und ob ich dir helfen kann.

Das bedeutet wir sprechen konkret über deine aktuellen Herausforderungen und die Ziele die du erreichen möchtest.

Wenn ich dir helfen kann, setzen wir erste Eckpfeiler, wie diese Lösung auissehen wird.

Damit deine Auftragsbücher voller Wunschkunden sind!

Buche dir jetzt unser kostenloses Erstgespräch

Gehe jetzt auf
www.attacke-handwerk.de

handwerk.

Folge mir gerne auf Instagram!

@attacke.handwerk

„Die Hände, die anpacken,
sind die Hände, die die Welt bewegen!“

Wir sprechen uns bald.

Beste Grüße

Florian Veit

Die erfolgreiche Buchreihe von
FLORIAN VEIT
Vom Handwerker
für Handwerker
ERFOLGS
KOMPASS
HANDWERK
SELBST
UND STÄNDIG
Wie du als selbstständiger Handwerker
richtig mit deiner Zeit umgehst

Die erfolgreiche Buchreihe von
FLORIAN VEIT
Vom Handwerker
für Handwerker
ERFOLGS
KOMPASS
HANDWERK
vom zum Angestellten
Selbstständigen
Wie du als Handwerker erfolgreich deine
Selbstständigkeit startest.

Die erfolgreiche Buchreihe von
FLORIAN VEIT
Vom Handwerker
für Handwerker
ERFOLGS
KOMPASS
HANDWERK
die 10 größten
FEHLER
Zehn Fehler, die dir als selbstständigem
Handwerker das Genick brechen!

Die erfolgreiche Buchreihe von
FLORIAN VEIT
Vom Handwerker
für Handwerker
ERFOLGS
KOMPASS
HANDWERK
RICHTIG
(VER)KALKULIERT
Wie du als selbstständiger Handwerker nie
mehr in finanzielle Schieflage kommst!

Die erfolgreiche Buchreihe von
FLORIAN VEIT
Vom Handwerker für Handwerker
ERFOLGS KOMPASS HANDWERK
Zufriedene KUNDEN
Wie du als selbstständiger Handwerker nie wieder unzufriedene Kunden hast

Die erfolgreiche Buchreihe von
FLORIAN VEIT
Vom Handwerker für Handwerker
ERFOLGS KOMPASS HANDWERK
Gewinnung > Führung
MITARBEITER
Bindung < Motivation
Wie Handwerksunternehmen Mitarbeiter finden und aus ihnen eine Armee machen!

Die erfolgreiche Buchreihe von
FLORIAN VEIT
Vom Handwerker für Handwerker
ERFOLGS KOMPASS HANDWERK
DIE 10 GEBOTE
Die wichtigsten Regeln, die den Erfolg von selbstständigen Handwerkern ausmachen

Die erfolgreiche Buchreihe von
FLORIAN VEIT
Vom Handwerker für Handwerker
ERFOLGS KOMPASS HANDWERK
Chaotische ABLÄUFE
Wie Handwerksunternehmen durch geregelte Prozesse aufblühen